U0624176

# 大学生心理健康
## 教育与创新研究

熊少青／著

辽宁人民出版社

**图书在版编目(CIP)数据**

大学生心理健康教育与创新研究 / 熊少青著．
沈阳：辽宁人民出版社，2025.3. -- ISBN 978-7-205
-11233-2

Ⅰ.G444

中国国家版本馆CIP数据核字第20245B9Q94号

出版发行：辽宁人民出版社

    地址：沈阳市和平区十一纬路25号  邮编：110003

    电话：024-23284321(邮 购) 024-23284324(发行部)

    传真：024-23284191(发行部)  024-23284304(办公室)

    http://www.lnpph.com.cn

印  刷：辽宁一诺广告印务有限公司

幅面尺寸：145mm×210mm

印  张：7

字  数：150千字

出版时间：2025年3月第1版

印刷时间：2025年3月第1次印刷

责任编辑：张天恒 王晓筱

装帧设计：中知图印务

责任校对：吴艳杰

书  号：ISBN 978-7-205-11233-2

定  价：68.00元

# 前　言

　　随着社会经济飞速发展，人们的思想水平和知识水平不断提高，人们对健康的认知也在传统观念的基础上，加大了对心理健康的重视。人类的心理健康是健康的重要组成部分，主要指人们心理的各个方面都处于健康的状态，能够对事物进行正确的认知，恰当地表达自身的情感需求，行为举止得体，对生活充满喜爱与热情。受外界环境以及家庭成长环境的双重影响，现在人们的生活压力较大，生活节奏快，因而也产生了一些心理问题困扰着人们。特别是大学生，其心理和生理仍然处于发展状态，在当代大学生活中，学生面对学业、人际交往、就业等方面的心理压力很大。心理健康对生理健康有着很大的影响，大学生心理健康的标志是生活中情绪稳定，对人际关系能够和谐处理，对外界信息能够正常认识不偏激，心理承受能力和适应能力强。

　　心理健康教育是大学生接受的教育内容中重要的组成部分，随着社会对大学生心理健康的重视程度越来越高，各高校也系统地对大学生心理健康进行了研究。为了提升当代大学生的心理承受能力，保障其心理健康，需要在当下大学生具有个性化和差异化的阶段帮助其树立正确的价值观，这对大学生心理问题的预防和解决有着重要的意义。心理健康教育的普遍发展能够有效改善学生的心理素质。当前我国社会经济建设进入飞速发展的新阶段，在全面建设社会主义现代化国家的过程中，面对学习、生活、就业等方面压力的大学生，对即将步入社会生活无所适从，难免在遇到困难与挫折之后不能够很好地进行自我排解，缺乏战胜困难与挫折的决心和勇气。而大学时期的心理健康教育，能够提升学生的心理素质，帮助学生培养乐观精神，提高学生对生活的适应能力，使学生遇到困难与挫折时可以自我排解。

大学生正处于世界观、人生观和价值观形成的关键时期，高校开展心理健康教育对大学生的心理健康发展以及日后的工作生活均发挥着极其重要的作用。因此，作为心理教师在对大学生开展心理健康教育的过程中，要不断创新教育思路，加强对大学生开展心理健康教育重要性的认知，并积极关注大学生的日常学习和日常生活的心理状态，尽可能地为学生打造一个符合其心理特征的教育结构，才能为大学生心理健康教育的可持续发展提供有效助力。

# 目 录

# 第一章 绪论

## 第一节 心理健康概述

### 一、心理健康的概念

每个人对心理健康定义的理解都是不同的，每个人心理健康的标准都是独一无二的。心理健康和身体健康一样重要。心理健康不仅仅意味着没有心理问题，还意味着有积极的心理健康状态。

1946年，第三届国际心理卫生大会对"心理健康"的定义是："身体、智力、情绪十分协调；适应环境，在人际交往中能彼此谦让；有幸福感；在工作中能充分发挥自己的能力，过有效率的生活。"《简明不列颠百科全书》对"心理健康"的定义是："个体心理在本身及环境条件许可范围内所能达到的最佳状态，但不是十全十美的绝对状态。"[①]

积极心理学观点认为心理健康不仅仅是心理疾病的缺失，也不仅仅是拥有较高的主观幸福感，其是一种两者结合的状态。心理健康的积极指标（生活满意度、主观幸福感）和消极指标（抑郁、焦虑等精神病理学症状）作为相互独立

---

① 边玉芳.心理健康[M].杭州:浙江教育出版社,2017.

但又相互关联的结构，是一对统一体。双因素模型将人群分成四类：

完全心理健康者具有低心理疾病症状和高主观幸福感。完全心理健康是一种具有高水平的主观幸福感，且近期无心理疾病的综合状态，是个体最佳的健康状态。

部分心理健康者具有低心理疾病症状和低主观幸福感。他们在未来的发展中可能会出现问题，曾经有学者做过一些纵向的追踪研究，发现经过两年左右，这类人群里面40%的人由部分心理健康者变成了完全病态者。

部分病态者具有高心理疾病症状和高主观幸福感，由于个体拥有积极认知和积极情绪，其心理问题容易自动康复。

完全病态者具有高心理疾病症状和低主观幸福感，完全病态的人不仅会表现出抑郁等症状，而且会感觉到对生活不满，并表现出心理功能和社会功能受损的情况。

## 二、心理健康的不同层次

从静态的角度看，心理健康是一种状态。从发展角度看，心理健康是心理状态围绕着健康常模在一定范围内不断上下波动的情况。所以说心理健康是一种动态平衡状态，这种状态，是在主体与环境相互作用过程中发生的。在这两者相互作用的过程中，这种动态平衡状态被打破的情况，即心理健康状态被破坏的情况，也随时可能发生。

心理健康指一种持续的心理状态，当事人在那种情况下，能有良好的适应能力，具有生命的活力，并能充分发挥其身心潜能。这是一种积极的、丰富的心理健康表现。

心理问题指人们心理上出现的问题及所有心理及行为

异常的情形，例如情绪消沉、焦虑、恐惧、人格障碍、行为障碍等。心理问题不同于生理疾病，它会间接地改变人的性格、世界观及情绪等。心理健康与否或心理正常与否的界限是相对而言的，并无绝对的标准。

心理问题产生的原因是复杂且多方面的，既有遗传和生理因素，又有心理、社会和环境因素。按照心理问题的严重程度，心理问题可分为心理困扰、心理障碍、精神疾病三类。

心理困扰是因各种适应问题、应激问题、人际关系问题等引起的轻度心理失调。心理困扰强度较弱，持续时间较短，是人们经常遇到的，对人的生活效能和情绪状态有一定的负面影响，但不属于疾病范畴，通过自我调整和适当的心理疏导较容易恢复。

心理障碍又称心理疾病，是指心理功能紊乱，并影响个体社会功能，使个体感到痛苦的心理问题。心理障碍主要包括神经症、人格障碍和行为障碍等轻度的心理创伤或心理异常现象。

精神疾病是指人脑机能活动失调，丧失自知力，不能应付正常生活，不能与现实保持适当联系的严重的心理问题。

### 三、心理健康的理论解读

#### （一）生物学的视角

基于生物学视角的心理学探讨的焦点在于基因、大脑、神经系统和内分泌系统如何影响个人行为表现。许多心理现象或个人体验都源于脑部及神经系统的各种生物化学过程，因此基于生物学视角的心理学与脑神经科学密切相关。

脑中负责神经细胞之间联系的神经递质与个人情绪或行为就有密切关系，例如，多巴胺分泌不足可能使人忧郁，而掌管记忆的海马体受到创伤，则会使个人丧失短时记忆。经过多年研究，我们大脑中特定区域与特定行为之间的关系也逐渐明了，其中人类的左右脑就具有不同的功能，大脑的左半球掌管语言理解，而右半球则掌管视觉和触觉的空间关系。

### （二）心理学的视角

#### 1.精神分析模式

精神分析学说强调人的本性并非理性的，人的行为是被一种强而有力的内在力量加以驱动的，这种力量起源于内在需求、生物驱力，并试图去解决个人与社会需求的冲突，主要的目的就在于减少紧张感。此学说最初由奥地利精神科医师弗洛伊德创立，他根据长期治疗精神疾病的实务经验逐渐形成理论，以自由联想、梦的解析与移情等方法去探索个人的潜意识，以解释个人正常或不正常行为背后的原因。之后弗洛伊德修正自己的理论，提出自恋、生的本能与死的本能，以及由本我、自我与超我三个部分所组成的人格结构理论，试图以精神分析的观点解释人类行为的动机与人格组成。

心理健康等同于爱和工作的能力。正常人可以深切地关心他人，在亲密关系中获得性满足，并从事有成效的工作。弗洛伊德认为，为了达到这些目的，性冲动必须在与异性伴侣的关系中表达出来。其他的冲动必须被引导升华为与社会生产相关的追求，如工作、艺术创造等。奥地利精神病学家阿德勒认为，心理健康也表现为个人通过努力在一个或多个领域脱颖而出，以弥补自卑感。同样，匈牙利内科医生和精神分析师马勒认为心理问题源于未能发展出我们独特的个人身份。

### 2. 行为主义模式

行为主义学说探讨何种特殊情境刺激能控制特定行为。行为主义学说由美国心理学家华生创立，美国心理学家斯金纳通过各种动物的训练成果扩大了行为主义观点在心理学界的影响力。行为主义学说主要是借由观察人类的外显行为来研究人类的心理，而不考虑心理过程，他们研究人在特定环境刺激下的特定行为表现，认为这才是最客观的科学心理学，而人的行为则可以被简化成"刺激—反应"模式。

### 3. 人本主义模式

人本主义学说起源于20世纪50年代，持此观点的学者对精神分析学派以病态的观点解释人类行为，以及行为主义学派太重视科学而轻忽人文的做法感到担心，因此创立了以人的生活经验为研究主体的心理学，强调个人主要生活目的在于积极寻求自我成长。美国心理学家罗杰斯强调每个人都有一种追求心理成长与健康的天性，美国著名社会心理学家马斯洛则提出自我实现的概念，表明每个人都有一种追求自我成长的潜能。

罗杰斯认为心理问题是由个体扭曲的自我概念造成的。父母可以通过无条件的积极关注来帮助孩子发展健全的自我概念；当父母对孩子表现出有条件的积极关注，即只在孩子按照父母希望的方式行事时才认可他们，孩子便会否定父母，拒绝他们的想法、感情和行为。孩子将学会发展有价值的禀赋，也就是说，他们认为自己只有在以某种被认可的方式行事时才有价值。为了保持自尊，他们可能不得不否认自己的真实感受或否认自己的某些部分，从而形成一种扭曲的自我概念。

### 4.认知模式

认知心理学派是20世纪50年代兴起的一种心理学派别，它批判行为学派所持的观点太过狭隘，认为人的行为不能化约成简单的"刺激—反应"模式。假如有一个人在跟踪你，当你发现他是你的熟人时，你会认为他可能有事找你，但如果是陌生人，你则可能认为他有意侵害你。熟人与陌生人带来的情境刺激其实差不多，但由于你对对方的了解不同，就会产生不同的反应行为。因此，认知观点认为人的行为是思考的结果，研究的焦点在于探讨人类知识的来源，以及个人心智活动过程，例如知觉、记忆、语言使用、问题解决及如何作决定等。

### （三）社会文化的视角

心理问题是像心理动力学说认为的那样来自人的内在力量，还是像行为主义学说认为的那样来自习得的不适应行为？社会文化观点主要从文化差异的观点探讨不同民族的行为差异现象及其原因，如东方文化强调家庭伦理观念，但西方文化则强调个人英雄主义。

### （四）生物学、心理学、社会学整合的视角

当代人对心理问题的看法是由生物学、心理学和社会学等几种不同模式或观点决定的。观察同一现象有不同的方式，没有一个理论视角可以解释生活中所有的心理问题。每种观点都对理解人们的心理问题有所帮助，但没有一种

观点是完整的。

## 四、大学生心理健康的基本要求

大学生是一个特殊的群体，根据大学生年龄阶段、所处环境、社会角色和心理发展的特点，我们将其心理健康的基本要求概括如下。

### （一）客观地认识自我、悦纳自我

心理健康的大学生应该能够正确地评价自我，客观地认识自己、了解自己、接纳自己，有自知之明。既不苛求完美，也不怨天尤人；既善于看清并利用自身优势，也敢于直面并改进自己的缺点。扬长避短，自尊自信，不卑不亢，找准前进的基点和努力的方向。

### （二）人际关系和谐

人际关系状况是心理健康状况最直接的反映。心理健康的大学生表现为乐于与人交往，平等待人：既尊重他人的个性，宽容他人的缺点，也能保持自己的尊严和自身的独立性；既能理解他人，又能为他人所接受；既能友善地与人相处、享受友谊的乐趣，也能独处而不感到孤独。

### （三）学习兴趣浓厚，有较强的学习能力

心理健康的大学生应智力正常，有强烈的求知欲望和浓厚的学习兴趣，掌握适合自己的科学的学习方法；能克服学习中遇到的困难，保持良好的学习效率，从学习中获得快乐与满足的体验。

### （四）拥有控制和调节情绪的能力，心境良好

情绪健康是心理健康的重要指标之一。心理健康的大学生一般乐观开朗，心情愉快，善于控制和把握自己的情

绪，喜不狂、忧不绝，胜不骄、败不馁。即便遇到悲、愁、忧、怒等消极情绪的困扰，也能及时、适度地加以宣泄和控制，尽快予以调节。良好的情绪状态有利于身体健康、学习效率的提高和人际关系的协调。

### （五）人格完整、和谐

人格是个体比较稳定的心理特征的总和，包括气质、性格、能力和动机、兴趣、信念、理想、人生观等。人格完整、和谐是指人格的各要素之间相辅相成，有一定的连贯性和稳定性，所言、所思、所行协调一致、平衡发展。心理健康的大学生，思考问题的方式适中、合理，待人接物能采取恰当、灵活的态度，对外界刺激不会有偏颇的情绪和行为反应，能够与社会的步调合拍，能够很快融入集体。

### （六）社会适应正常

良好的适应能力是心理健康的重要体现。进入到陌生环境中，心理健康的同学不会消极地抱怨、不满、苦闷，而是善于观察、思考，与环境保持良好的接触，对环境作出客观的判断和评价，认识到环境对自己的新要求，及时调整原有的愿望、需要、目标，自觉并有效地调节自我需要与社会需要的矛盾冲突，使自我与社会始终保持协调一致。

### （七）心理行为符合年龄特征

个体的心理与行为总是随着年龄的增长而不断变化发展的。每个人的认识、情感、言谈举止应基本符合自己的年龄特征，才是心理健康的表现。大学生处于特定的年龄阶段，就应该具有与该年龄段和角色相符合的心理行为特征。大学生过于老成或过于幼稚都是心理不健康的表现。

# 第二节 大学生常见心理健康问题及影响因素

## 一、大学生的心理特点

### (一) 心理发展具有阶段性

大学生在校期间的学习、生活，可以分为入学适应、稳定发展和就业准备三个阶段，不同阶段的心理状况有所不同。入学适应是迈进大学校门的新生都要经历的难关。面临全新的环境、角色、人际关系、生活方式和学习方法等变化，相当一部分新生原有的心理平衡被打破，内心交织着自信与自卑、轻松与压力，需要尽快建立新的心理结构，才能实现新的心理平衡。入学适应阶段是整个大学时期最困难的阶段。适应不好，可能会影响到整个大学时期的学习生活。适应期的时间长短因人而异，一般为一个学期左右。经过一段时间的调整、适应后，大学生进入稳定发展阶段，这是大学生活最主要、最长久的时期，基本持续到大学毕业前夕。这一阶段的大学生会面临许多新情况、新问题，并在面对、解决这些问题的过程中不断发展、完善自我，每个人都以自己独特的方式塑造着自己。大学生活即将结束时，大学生进入了就业准备阶段，这是大学生从学生生活向职业生活转变的过渡时期。毕业在即的大学生面对毕业设计、论文答辩、求职择业、恋人去向等诸多选择和思考，心理压力和冲突将会不断出现。这个阶段对大学生来讲是各方面素质的综合考验，同时，又进一步促进了大学生心理的成熟与发展。绝大多数同学经过几年的专业学习和心理发展，已经具备较为稳定的人生观、丰富的知识和良好的心理自我调控能力，但也有少数学生因在学业或求职中遇到挫折，会产生种种心理问题，或悲观失望，无所适从，或作出毁坏公物、打架斗殴的不当行为。

## （二）心理活动两极性扩大，心理发展中多种矛盾并存

在中学时期，两极性主要表现在情绪生活方面。到了大学阶段，两极性的表现明显扩大。不仅在情绪生活中继续表现出两极性的特点，而且在意志行动、道德品质和人际交往等许多方面都表现出两极性的特征。例如，在意志行动方面，积极性与消极性、严谨与散漫等两极性特征在大学生中表现得非常明显；在道德品质方面，真实性与虚伪性、自我批判与自我安慰等两极性特征在大学生中也经常可以看到；在人际交往方面，亲密与对抗、开放与孤独等两极性特征在大学生中表现得也比较突出。

大学生正处于由不成熟走向成熟的成长过程中，面对大学新的环境、新的角色、新的竞争带来的新的压力，在其心理发展中出现种种的矛盾：理想与现实的矛盾、交往需要与心理封闭的矛盾、独立性与依赖性的矛盾、自信与自卑的矛盾、情感与理智的矛盾、积极进取与安于现状的矛盾、知与行的矛盾等。这些内在的矛盾往往使大学生们进退两难、难于抉择，如不进行及时、合理的心理调适，便有可能破坏心理平衡，影响心理健康。

## （三）思维能力迅速发展但易带主观性

思维能力是人的智力的核心。大学生由于掌握的知识越来越多，受到的思维训练越来越复杂，抽象思维能力得

到迅猛发展，思维的逻辑性、发散性都有了新的提高，加上丰富的想象力，促进了思维的活跃性和创造性，因而产生了积极的创造欲和成就感，喜欢标新立异，能灵活运用各种思维技能，提出新的设想和见解，以获得新颖、独创性的思维结果。此外，大学生思维的独立性和批判性也有明显的增强，不再满足于被动地接受，而是主动地去观察、思考和实践，开始用批评的眼光看待周围的事物，对他人的意见不轻信和盲从，遇事要先问问"为什么""是否有道理"；喜欢怀疑和争论，敢于大胆发表个人的独立见解，能对自己的思考结果进行检查和评价。但由于其知识水平、经验积累、社会阅历的局限，辩证逻辑思维能力不够强，在观察、分析事物时易带主观性，表现出过分的自信和固执己见。

（四）自我意识增强但存在一定误区

自我意识是人对自身及自身与周围世界关系的认识，包括自我认识、自我评价、自我期望和自我监控。人的自我意识从儿童期开始发展，到青年期逐步走向成熟。大学生身心发展迅速，自我意识进一步增强，能够将自我分化为"主体的我"和"客体的我"，用"主体的我"去观察、分析和统一"客体的我"；能根据社会和他人对自己的要求以及自己对自己的要求，进行自我认识和自我评价；有较好的自立、自律、自强意识，崇尚自我完善，重视探索自我价值与社会需求的有机结合；在"成人感"和求知欲望的驱动下，逐渐把思考的对象由自我转向社会，开始关注更多的社会问题。但是，如果对自我的认识不够客观、全面，自我评价失之偏颇，就容易导致自大或自卑的产生；

如果自我期望值比较高，而自我约束控制能力又比较差，就会感觉到力不从心。所以，在入学后的一段时间里，相当一部分同学常感到苦闷和迷茫。

（五）需要复杂，情感丰富但情绪波动大

需要是情绪与情感产生的基础。大学生的心理需要复杂多样，既有衣食住行等基本生活的需要，又有迫切的交往需要和成就需要，渴望被理解和尊重，寻求友谊和爱情。他们还有自我实现和求真、求善、求美的高层次需要。复杂强烈的需要导致大学生的情绪与情感体验丰富而深刻，使得他们不论在日常生活、学习、交往中，还是在从事社会活动时，无不带有浓厚的感情色彩。青年期是人生中感情最丰富的时期。大学生年轻气盛，有着丰富、复杂而又强烈的感情世界，情绪体验来得快而且强烈，喜怒哀乐表现得比较充分而具体，常表现出"疾风暴雨"式的激情状态。这种激情状态具有两重性：积极方面，往往表现出为真理而奋斗的热忱，可以激发出见义勇为的正义举动；消极方面，容易表现为感情的冲动、盲目的狂热，往往导致不假思索、不听劝阻、不计后果甚至丧失理智的举动，铸成错误。而且情绪容易摇摆不定，跌宕起伏大，激情与消沉、盲目狂热与懊丧悔恨交替迅速。

大学生的情感除了易外露之外，还往往有相反的一面，即内向性和闭锁性，这是青年出于自卫本能而出现的心理特征。这种闭锁性使大学生情绪的外部表现和内在体验经常处于矛盾状态，经常有意地掩饰自己的真实情感，不愿意把内心的秘密和真实的思想感情轻易地向他人吐露，同时，内心深处又存在希望被人理解的强烈愿望，从而导致苦恼。

## （六）性意识觉醒，但处理相关问题的知识能力却较为欠缺

大学生身体已发育成熟，性意识开始觉醒，感情欲望逐渐增强。许多同学开始注重自我形象，关注异性，渴望与异性交往，希望获得爱情。然而，中国的传统文化对大学生的性冲动一般采取否定甚至压抑的态度，这就使得大学生对自己的性冲动产生强烈的矛盾心态。本能的冲动欲望使他们渴求与异性接触，一般的社会道德又压抑他们的冲动欲望，如果处理不当，就会产生心理问题。若是能够合理选择恋爱的时机，正确处理好学业与爱情的关系，并采取文明、健康的恋爱方式，那么这段感情就会成为我们美好人生的华丽篇章。但在实际生活中，有的同学因欠缺科学的性知识，对自身的性问题感到困惑和疑虑；有的同学因缺乏交往训练和技巧而不知道如何与异性进行正常交往，不善于掌握与异性交往的分寸；有的同学喜欢感情用事，不计后果，忽略责任，容易在与异性交往的过程中发生出格行为，受到舆论指责；还有些同学过于压抑自己的性冲动，使个人处于自我封闭等多种困扰中。这些，都容易导致心理障碍，影响校园的正常生活。特别值得注意的是，大学生虽然在性心理上已经成熟，性意识也非常强烈，但因缺乏社会经验，很容易将性爱问题简单化、理想化，一旦接触复杂的实际问题，便容易陷入悲观、失望等消极状态。近年来的调查显示，大学生因性爱问题引发的心理困扰呈明显的上升趋势。因此，对大学生在性爱方面的心理困扰必须给予足够重视，积极采取措施加以正确引导，才能为他们性意识乃至整个人格的健康发展打下良好基础。

## 二、大学生常见的心理健康问题

### （一）校园生活适应问题

大学生进入大学后，多数远离父母、亲人和曾经熟悉的地方，需要学习独立处理问题，开始进入新的集体，开始适应新的生活方式和学习方式。学生的异地就读，带来饮食习惯、生活习惯和气候等方面的不适应，偏远地区的学生到大学就读，常会出现一定程度上的语言隔阂现象，从而造成学习困难和交流障碍，许多学生在步入大学初期遇到上述问题，会出现思乡情绪严重、睡眠不良、孤独无法排解，甚至封闭退缩等不良心理。

### （二）自我认知失调

进入大学的学生，都曾思考过这样一个问题："我是一个什么样的人？"自我意识也称自我，是个体意识发展的高级阶段。大学生的自我意识逐步完善，但依然存在一些大学生最常见的自我意识问题就是"理想自我"与"现实自我"的认知失调。一些学生往往对一切事物都寄予美好的希望，对于自我和事物的认识过于理想化，并以为理想中的自我一定能在现实中实现。当理想中的自我在现实中被否定时，理想与现实发生错位，许多学生便出现情绪不稳定、悲观失望等心理；还有些大学生在发展自我的过程中放大自己的缺点，忽略了自我优势，害怕暴露自己的弱点而采取压抑的心态，很少与同学交流，常常独处，多疑而不信任他人等。

### （三）学业压力问题

大学的学习环境、学习目标和学习方式与中学存在很大的差异，大学课程的学习已经不能再沿用高中时代的学习方法，老师也不再像以前一样严格监督，学习的内容和种类也变得繁杂，如果学生忽视学习方法的探讨和改进，就可能在课业上疲于应付。部分学生学习动机缺乏，对大学课程不够重视；部分学生学习动机过强，把全部的时间和精力放到专业课的学习上，而忽略自身其他方面的发展；部分学生失去学习目标整日迷茫却不知如何摆脱等，都会引起学生产生焦虑，有些学生采取回避、退缩的应对方式，于是学习成绩下降，进而自责、焦虑增加，形成恶性循环。[①]

### （四）人际交往中的心理问题

人际交往是一种人与人之间的心理沟通和情感行为上的影响，感情色彩较浓厚。建立良好的人际关系是每个学生的美好预期，但现实中并非总能得偿所愿。大学生情感丰富、情感变化快，部分同学对人对事过于敏感，思考方式单一片面，常常因一时的好恶改变对一个人的看法，表现出重感情而不重客观，重一面而不重全面的特点，使得人际交往缺乏稳定性。良好的交友愿望和人际关系不协调的矛盾常导致大学生出现内心冲突，产生自卑、嫉妒、自我中心等不良心理，影响良好人际关系的建立。大学生在交往过程中的个性意向和个体心理特征存在很大差异，容易出现以自我为中心、苛求于人、缺乏尊重等个性特点，造成交往中的误解和矛盾。

### （五）恋爱心理问题

大学生情感丰富，对爱情充满向往，为爱情予以了太多浪漫的幻想。但是大学生在校期间的主要任务是学习专

---

业知识、不断发展和完善自我。部分大学生谈恋爱不是出于爱情本身，而是为了弥补内心的空虚、好奇，甚至只为和别人攀比。恋爱动机的纯洁和健康是保证恋爱顺利进行的重要基础，纯洁的爱情使人充分地体会美好、健康的情绪。大学生中常见的恋爱问题有失恋、单相思、陷入感情纠纷中不能自拔，出现情绪低落、否定自我、悲伤忧郁等严重情绪反应，致使生活、学习、人际关系等各个方面受到打击和干扰。

## 三、大学生常见心理问题产生的影响因素

### （一）家庭因素

家庭是影响大学生心理健康的基础性因素，且随着互联网信息技术的发展，大学生心理断乳期明显推迟，具体来说，家庭因素对大学生心理健康的影响表现在以下几个方面：第一，父母教养方式会影响大学生心理健康水平。研究表明，民主型教养方式对大学生心理健康存在积极影响，专断型、溺爱型则容易对其心理健康水平产生消极影响。第二，家庭结构对大学生心理健康存在一定影响，其中家庭中孩子数量的影响较为显著。研究表明，多孩家庭的大学生心理健康水平相对较低。第三，父母婚姻状况对大学生的心理健康也有较大影响，研究表明离异家庭的大学生心理健康水平相对较低，甚至比父母去世对大学生造成的消极影响更大。此外，家庭经济情况、父母受教育程度、父母职业、家庭关系，以及对子女的期望等都会影响大学生的心理健康水平。

### （二）社会因素

影响大学生心理健康水平的社会因素首当其冲的就是

大学生是否具备较为完善的社会支持系统。社会支持系统是个体能获取情绪、情感以及心理上的支持、缓解心理压力、提高自身对环境的适应能力以及对变化的应对能力的一种关系网络。一般来说，大学生社会支持力量不足主要体现在两个方面：第一，家庭成员之间缺少沟通，且没有正确有效的沟通方式，来自家庭成员的支持力量较弱。部分同学与父母间矛盾激化，是学生情绪持续低迷、生活兴趣降低，心理健康水平降低的导火索。第二，大学生生活环境与高中变化较大，远离原来的社会关系，行为习惯、语言表达等方面存在较大差异，需要时间磨合融入新环境，尚未建立稳固的关系，不足以提供其社会支持力量。

大学校园文化建设会影响大学生的心理健康，建设正能量的校园文化有利于营造积极的校风、学风，规范大学生的行为，帮助大学生维持积极的人际关系。其中，大学生的心理问题容易受其宿舍文化建设、宿舍人际关系的正向维系的影响。建设积极的宿舍文化、维系互帮互助的宿舍人际关系有利于提升大学生的心理健康水平。因此，重视校园文化建设是提升大学生心理健康水平十分有效的途径。

（三）个体因素

对大学生心理健康影响较大的个体因素就是大学生个体的负性生活事件，负性生活事件是指个体感觉不愉快的事件。当大学生遭受家庭、学业以及人际关系的多重挫折时，容易采用消极回避的应对方式，加重自己的负面情绪。敏感多疑的人格特征促使学生消极情绪长期存在，敏感固执的人格特征导致学生内心冲突大，长期压抑自己的负面情绪，无合理宣泄方式与途径，同时应对方式消极而逃避，无法与父母进行积极正向的沟通，致使冲突增大。

（四）生物因素

心理健康会受到身体健康的影响。进入大学前有潜在的健康问题或慢性疾病会成为大学生在大学期间产生心理问题的预测因子。患有身体疾病和心理疾病的学生可能处于更不利的地位，不能充分参与到大学生活中去，导致心理问题的形成。

（五）社会因素

缺乏家庭和学校的支持、不良的家庭关系、缺乏社会活动经历、过度使用社交媒体等是大学生心理健康的社会风险因素。

拥有一个支持性的社会网络可以促进学生的心理健康，进而降低他们在大学中出现心理问题的可能性。与家庭成员建立稳固的关系可以有效预防心理问题，而与家庭成员特别是父母的关系不佳可能会导致心理问题。此外，研究表明，一段忠诚的亲密关系是女性预防心理问题的有利保护因素，但这对男性没有影响。

参与社会活动，如参加体育活动和社团活动，可能成为心理健康的保护性因素。大学生通过这些活动适应社会环境、结交新朋友、融入大学生活，增强与社会的融合度。

虽然社交媒体是与同学、朋友和家庭成员保持联系的良好工具，但它也会对心理健康产生负面影响。学生在大一期间过度使用社交媒体可能成为其在接下来的几年中产生心理问题的一个预测因子。对社交媒体依赖程度高的学生孤独感更强，这将会导致心理问题。网络成瘾和过度使用社交媒体反映大学生对大学生活的适应不良。此外，经常使用社交媒体的学生自尊水平较低。

### （六）经济因素

缺乏足够的经济支持、较低的家庭收入和儿童时期的贫困也是导致大学生心理问题的风险因素。学生的家庭经济状况会影响其心理健康。一些学生通过兼职来赚取学费或生活费。研究表明，兼职学生与同学的关系会影响其心理健康，那些与同学关系不好的学生心理健康状况相对较差。

# 第三节　大学生心理健康的提升路径

大学生心理健康教育是一个动态的教育过程。在当代，教师权威受到挑战，传统的思维方式受到挑战，网络舆情把控难度增大。面对机遇和挑战，学校需要重新确立心理健康教育目标，优化教育定位；创新心理健康教育路径，拓展教育渠道；优化心理健康教育运行机制，通过个人自助和寻求专业帮助的方式，提高教育服务力和心理健康效力。

## 一、优化大学生心理健康教育的运行机制

优化和完善大学生心理健康教育的运行机制，可以增强心理健康教育的针对性和实效性，优化学生心理素质，提高心理服务能力，促进大学生心理健康、人格完善和全面发展。

### (一) 构建大学生心理健康教育的工作机构和机制

人们普遍认为，组织环境对其内部人员的健康有影响。制度结构和政策通过加强某些价值观、信仰和行为来促进其文化发展。因此高校的心理健康策略、目标、政策和做法会影响学生的心理健康。解决这一领域需要评估这些组织元素支持学生心理健康的程度，例如，学校对心理健康的重视程度——是否设置心理咨询中心或心理健康教育中心等相关的机构，是否制定涉及心理健康的具体规章制度、政策、工作章程、方案等。完善这些方面可以规范和加强学校的心理健康教育工作，有效解决在校大学生可能出现的心理问题。[1]

### (二) 为大学生提供心理健康服务

校园心理健康服务是支持大学生心理健康系统方法中的关键部分。许多研究表明，校园心理健康服务对提高大学生的心理稳定性和自我接纳程度有积极的影响，能帮助学生克服心理困难，保持良好心态，还能满足特定学生群体的特殊需求。心理健康服务聚焦学生关心的事项，有针对性地向学生群体普及心理健康知识和经验；关注学生因其课程的特殊要求而产生的各种心理问题，为院系教学工作提供直接支持。校园心理健康服务具有便捷性和有效性，能够及时为需要服务的对象提供资源和帮助。此外，校园心理健康服务机构与校园内外其他服务机构相互联动，与学院和学生团体密切合作。

---

[1]李堂兵,姚颖,唐维晨.心理健康教育[M].天津:天津人民出版社, 2020.

## （三）创设心理健康支持性、包容性的校园环境和文化氛围

支持性的校园环境和文化氛围，对大学生的学业成绩和心理健康都有积极的影响。校园文化氛围的构建，包括充分和真实的思想交流，能够帮助学生建立联结，促进其全面发展，使其能适应变化，迎接挑战，保持韧性，培养兴趣、价值观、学术目标和意义感。这样的环境和文化氛围建设聚焦于学生的可持续发展，致力于扫除阻碍学生发展的心理健康障碍。

## 二、促进大学生心理健康教育的实践路径

积极构建大学生心理健康教育的实践平台，全面实施心理健康教育。将大学生心理健康教育贯穿校园实践活动的全过程，努力提升大学生的心理健康素养，提高大学生的心理素质，进一步增强心理健康教育的实效性。

## （一）帮助大学生提升心理健康意识

学校应通过提升心理健康意识的活动增加学生对心理问题的决定因素、性质、影响、预防机制等相关知识的了解，努力改善学生的心理健康状况。一定的专业知识，例如对压力迹象的识别、应对压力的策略等，可以使学生提高适应力和获得幸福感的能力。

心理健康意识包括一系列广泛的主题，包括如何保持心理健康、如何识别心理健康状况不佳的迹象、何时寻求专业帮助、校园里有哪些心理健康支持和资源、如何获得这些资源等。

我们应通过更多的宣传和科普活动提高大学生对心理健康重要性的认识。通过课程教育、团体活动、个体与小

组咨询等形式开展关于心理问题的对话，以减少耻辱感和恐惧，同时提高采取行动的开放性。增强心理健康意识也在防止心理问题的污名化方面发挥重要作用。提高大学生的心理调节技能，有助于其预防未来可能出现的心理问题，改善其情绪健康状况。

（二）提升识别心理问题的早期迹象并做出反应的能力

大学生在学习和生活中都会遇到各种困难，当这些问题出现时，大部分学生能够应对，但仍有相当比例的学生陷入痛苦和挣扎中。研究表明，获得心理健康支持的学生人数和有心理问题的学生人数之间存在差距。心理问题持续的时间越长，对学生学习和生活的影响就越大。此外，由于问题持续存在，学生不得不花费越来越多的时间和精力去解决这些问题。因此，大学生要密切关注心理健康状况，主动识别心理问题迹象。学校应在新生心理健康筛查和访谈的基础上，给存在心理问题的学生带来良好的心理咨询体验，增加学生在未来主动进行心理咨询的可能性。

心理问题的早期识别需要每个人参与，日常的心理健康自我检测可提高高校教师与学生对心理问题的识别能力，加强师生心理健康支持能力，从多角度帮助学生获得适当的资源和支持。

（三）培养大学生自我管理能力和应对挑战的能力

学生在大学校园中努力建立人际关系，独立地生活，认识自己，明确未来方向，因此，他们面临着多个发展领域的挑战。培养自我管理能力和应对挑战的能力，能有效增强学生的适应力，减少抑郁和焦虑的风险。大学生应通过各种途径提升人际交往、情绪管理、自我认同、情感和压力管理等能力，促进自身的成长和发展。学校应有针对性地加强睡眠健康教育及其他健康生活方式的倡导，加强时间管理和自我控制等方面的技能培训，从长远的角度来看，这些措施都有利于维护学生的身心健康。

（四）帮助大学生进行有效的心理危机管理

严重抑郁等心理危机对当事人的心理健康和学业有重大影响，同时也会对其他人产生负面影响，甚至使负面影响扩大到整个校园。心理危机的诱因往往是复杂的，需要多方合作，协同干预。因此，制定行之有效的危机管理方案，是至关重要的，工作人员和教师要了解他们在校园危机管理中的角色和作用。学校应通过相关主题培训和业务指导帮助教职工了解危机管理的情况以及有效沟通的方法和流程，以便在学生遇到心理危机时向他们提供及时有效的支持。

# 第二章　大学生自我意识

## 第一节　自我意识概述

### 一、自我意识的内涵

#### （一）自我的含义

##### 1.弗洛伊德对自我的定义

在心理学领域，"自我"译成英文为ego，是弗洛伊德精神分析理论的核心概念之一。奥地利心理学家西格蒙德·弗洛伊德（S.Freud）在1923年《自我与本我》一书中提出人格包括本我（id）、自我（ego）、超我（superego）三个结构。自我指的是人的个性中从本我分化出来，指导个人适应现实社会生活，使个人行为超越简单快乐原则而遵循现实原则的个性部分。自我是本我和超我的协调者，是心理健康的关键因素。[①]

##### 2.米德对自我的定义

美国社会学家、社会心理学家及哲学家米德（Mead）着重研究了主体我（I）和客体我（me）的关系，他认为客体我是自我意识的对象，它是通过接受别人（社会）对自

---

[①]王清,王平,徐爱兵.大学生心理健康教育[M].苏州:苏州大学出版社,2022.

己的有组织的态度系统而形成的；而主体我是自我的动力部分，它能够认识客观现实和自己。米德认为个人与社会的变化、发展与完善都源于主体我的特性。在主体我与客体我的关系上，米德认为客体我是自我活动的本体建构，它制约主体我的活动，而主体我是客体我变化发展的引导者，前一时间段主体我的活动将成为后一时间段客体我的内容。

### 3.罗杰斯对自我的定义

美国心理学家罗杰斯（Rogers）根据自己的临床实践，提出了与现实自我相对应的理想自我（ideal self）的概念。现实自我指的是个体对自己各种特征的认识和对自己各种行为的看法。理想自我指的是个人根据自己的经验，建构自己所希望达到的理想标准，它引导个体达成理想中的自我。罗杰斯发现现实自我与理想自我的差距是诱发神经症的一个原因。

### （二）自我意识的含义

关于自我意识的含义，尽管国内外学术界一直都在进行着热烈的讨论，但是到目前为止还没有统一的界定。这也正说明了自我意识是一个备受关注且复杂难解的概念。

最早对自我意识展开论述的是原西南师范大学的张增杰教授，他在其《论大学生心理》一书中专门论述了自我意识问题，对当时国内各种对自我意识的误解一一做了辩证唯物主义的解释，揭示了自我意识的本质，澄清了人们对自我意识的种种误解。他认为自我意识就是人对自己及其人我关系的认识。从此以后的相关著作中都开始以专门篇章来论述自我意识问题，可谓开辟自我意识研究的先河。

西南大学教授黄希庭、社会心理学专家徐凤姝认为"自我意识是指一个人对自己的意识"。同时还首次提出了"自我意识是一种多维度、多层次的心理系统"的观点，得到了学术界的高度认同。

华东师范大学教育管理系副教授张玲则认为"自我意识是意识的核心部分，就是对'自我'的意识，或者说就是自己对自己的认知，是自我概念、自我评价、自我理想的辩证统一"。

综合以上观点，自我意识的概念必须具备以下基本内涵：①自我意识的产生、发展和成熟是一个实践过程。自我意识不是人生来就有的，作为意识的高级形式，它需要以大脑机能的完备作为基础和保障。而大脑的成熟以及人的整个意识活动的展开都需要在社会实践中获得动力和内容。实践是自我意识产生、发展和走向成熟最宽厚的基础。②从意识的取向性角度来划分，可以把意识分为对象意识和自我意识。从本质上来说，自我意识又是一种特殊的对象意识，它将意识的对象指向"自我"，使得自我意识的内容与对象意识的内容有了巨大的差异。对象意识是对客观世界中"我"以外的一切事物和关系的反映；而自我意识则是对自我生理、心理、社会关系的认识、体验及由此产生的意向行为。③自我意识不仅是对自我生理、心理及社会关系诸多方面的意识，也是对各类关系的综合意识。是对自我内在身心关系、外在物我关系的意识，而且这些内容是随着生理功能的完备和社会化进程的影响不断获得并适时更新的。④自我意识不仅体现在认知上（自我认识），而且体现在情感（自我体验）和意志（自我控制）上，是一种多维度、多层次的综合性的心理系统。⑤自我意识不是与其他心理活动并行或独立的，而是人格的核心部分，统领人的整个心理和行为，并渗透其中，对人的心理和行为起调控作用。

综合以上诸多观点，可以得出一个具有普遍意义的关于自我意识的定义，即自我意识是个体在社会实践中形成、发展的对于主体自身身心状态、活动及其与外部世界关系的主观反映和由此引起的情感体验和行为意向；它是人格的核心，是一个综合性的高级心理系统，对人的心理和行为起着调控作用。

### （三）自我意识的结构

自我意识是指个体对自己、对他人以及对自己与周围人的关系的认识和评价。它是一个包含认知、情感、意志等多种心理机能的、完整的、多维度的、多层次的心理系统。从自我意识的心理构成和表现形式来看，自我意识包含了自我认识、自我体验、自我控制三种形式，体现了心理过程的知、情、意的统一。自我意识作为被意识到的自觉心理状态，贯穿于人的各种心理活动之中。

### 1.自我认识

自我认识是主观自我对客观自我的认识与评价，自我认识是自己对自己身心特征的认识，自我评价是在这个基础上对自己做出的某种判断。正确的自我评价，对个人的心理生活及其行为表现有较大影响。如果个体对自身的估计与社会上其他人对自己的客观评价距离过于悬殊，就会使个体与周围人之间的关系失去平衡，产生矛盾。长此以往，自满或自卑的心理特征将会逐渐形成，不利于个体心理健康成长。自我认识在自我意识系统中具有基础地位，属于自我意识中"知"的范畴，其内容广泛，涉及自身的各个方面。大学生进行自我认识训练，重点放在三个方面：①认识到自己的身体特征和生理状况；②认识到自己在集体和社会中的地位及作用；③认识到自身的内在心理活动及其特征。

## 2. 自我体验

自我体验是自我意识的情感成分，是个体对自己在自我评价的基础上产生的一种情绪体验，也就是主观的我对客观的我所持的一种态度。它包括一系列自我感受，如自尊、自爱、自信、自卑、自豪、自怜、优越感、义务感等多方面的内容。例如，我喜欢自己；我讨厌自己是单眼皮；我英语没过四级考试，感到在同学面前抬不起头等。自我体验主要涉及"我是否接受自己""我是否满意自己"等问题。"自我满意"表示因自我肯定而心情舒畅；"自我不满意"则表示因否定自己而心情郁闷，黯然神伤。自我认识决定自我体验，而同时自我体验又往往会强化自我认识并影响自我控制。

## 3. 自我控制

自我控制是自我意识的意志成分，是对自身行为与思想言语的控制。自我控制是在自我评价的基础上，在自我体验的影响下，个体对自己的行为、心理活动、个性特点以及与他人关系的调节和控制。例如"我怎样克制自己才能不再那么容易冲动""我怎样改变自己""我怎样才能成为自己理想中的那种人"等。自我控制主要包括自主、自立、自强、自制、自律等形式。

### （四）自我意识的性质

#### 1.自我意识的社会性

自我意识的形成和发展过程，实际上就是个体角色化的过程。一个刚出生的婴儿只是一个自然的实体，一个生物的人，具有较大的依赖性，必须得到成人的关怀和照顾才能长大成人，产生人的意识。如果婴儿从一开始就同动物生活在一起，就会由于失去了人类的社会文化环境和物质生活条件而不能形成人的意识。因此，一个人只有处在人类的社会环境中，才能发育成长，并在成长的过程中，逐渐产生对周围世界的认识，与此同时也产生对自己的认识，即形成自我意识。

#### 2.自我意识的形象性

自我意识是个体在周围人们的期待中，以及周围人们的评价过程中，通过自己的主观体验而逐渐发展起来的。当个体觉察到对方的态度和言语中所包含的内容时，自我意识的内容也就得到了丰富。因此，个体的自我意识从本质上说，就是从他人对自己的情感和评价中发展自我态度。美国心理学家柯里把自我意识的这一侧面称为"自我形象"。他说："人与人之间相互可以作为镜子，都能照出他面前的人的形象。"人们由于把自己的容貌、姿态、服装等作为自己的东西，通过对镜子中的形象加以观察，以一定的标准衡量美丑，便会产生喜悦和悲哀。同样个体在想象自己在他人心目中关于自己的姿态、行为、性格时，也会时而高兴时而悲伤。

一个人正是在与周围人的接触中，注意到他人对自己的态度，想象他人对自己的评价，并以此为素材构成一个客观标准而内化到自己的心理结构之中，形成了自我形象。所以个体的自我形象和自我情感体验依存于个体与他人的接触，是在想象他人对自己的判断和评价中形成的。

### 3.自我意识的能动性

人对自身的存在，对自身和周围关系的存在，是通过自我意识获得的，正因为人们具有自我意识，人们才能够认识到自己在想什么、做什么和体验着什么。一个人只有认识到自己的痛苦，才会有痛苦之感；一个人只有认识到自己与周围的利害关系，才会知道一些事情为什么这样做而不那样做；同样，一个人只有当自己意识到自己行为错误的时候，才能够主动地矫正自己的行为，改变和修正原来的计划。

人的行为与动物的行为存在着根本的区别，因为人的行为总是具有一定的目的性，在行动之前就预见到行动的结果，意识到自己想做的一切。蜜蜂建筑蜂房的本领使人类许多建筑师感到惭愧，但是最蹩脚的建筑师从一开始就比最灵巧的蜜蜂高明的地方，是他在用蜂蜡建筑蜂房以前，已经在他自己头脑中将蜂房建成了。这就是说，人们在行动之前，行动的动机方式和结果，就在自己头脑中观念性地存在了。而人们在行动之前确立行动目标，制订行动计划，选择行动方案，实现预期结果的一切活动，都是在人的自我意识参与下完成的。

### （五）自我意识形成的三个主要阶段

一个人自我意识的形成经历了一个"发生—发展—成熟"的过程，大约需要经过20多年的时间。一般来讲，如果说婴儿期是自我意识的发生阶段，童年期至少年期则是自我意识进一步发展的阶段,那么青年期则是自我意识迅速发展并趋向成熟的阶段。总体说来,大致可分为以下三个主要阶段。

**1.自我确认阶段,指人确认自己是谁的过程**

人出生之初,对自己的身体与外界事物是不能加以区别的,生活在主客体尚未分化的状态,分不清自己的手指和乳头,甚至把母亲当作自己的一部分,此时还没有自我意识;8个月后能意识到自己的身体,能把自身与外界事物区别开来,听到自己的名字会做出反应,开始出现了自我意识的萌芽;2岁左右的儿童随着语言的发展,掌握了第一人称代词"我"的使用,开始意识到自己行为的后果及成人对自己的态度,产生了"自我概念"。

**2.自我评价阶段,指个人对自己价值的判断**

3岁左右的儿童出现了自尊感、羞耻感、占有心,有了发挥自己能动性和主动性的愿望,如"我自己吃""我自己穿衣服"等。从3岁到青春早期(3～14岁)这段时期,是个体接受社会教化影响最深的时期,也是角色学习的重要时期,通过在游戏、学习、劳动等活动中不断的练习、模仿和认同,逐渐习得社会规范,形成各种角色观念,并开始对别人或自己的特征、行为进行评价,如"我会唱歌,他不会唱歌"等,但主要以同伴评价作为自己行为的一个重要准则。通过与人交往,自我评价得到了一定的发展,并开始有意识地调节控制自己的行动。

**3.自我理想阶段,这是自我意识发展的关键期**

15岁左右进入青少年时期,身心日渐成熟,开始清醒地意识到自己的内心世界,关注自己的内在体验,喜欢用自己的眼光和观点去认识和评价外部世界，要求独立，开始有明确的追求和实现自我目标的内驱力，经常问自己，"我究竟是个什么样的人？""我将来会是什么样子的？"进入青年后期，面临更复杂的自我选择，如升学、择业、交友、婚姻等，很多青年对自己的优劣之处有了一定的认识，对自己的心理品质和个性特点更为关注，对自己的评价也不完全依赖于他人，有很强的自主意识，自我意识水平有了较大的发展。

## 二、自我意识的作用

### （一）自我意识对个人发展的积极作用

有没有自我意识是正常人和异常人最显著的差异。当一个人失去了自我意识，不能觉察自己的思想和行为的时候，此人可能已经罹患精神病，即心理咨询中的无自知力症状。一个正常人应该具备的就是最起码的自我意识，一个成功的人则是需要具备一定水准的自我意识，一个既成功又幸福的人则是需要最高境界的自我意识水平了。因此，可以看出，自我意识对个人的发展起着巨大的阻碍或推动作用，我们需要做的就是大力发扬自我意识对个人发展的积极作用。

自我意识是个体主动性存在和发挥的根本力量之源，个体主动性发挥的最大价值不仅在于利用客观世界的条件来改造客观世界，更重要的在于人可以通过自我意识发挥主观能动性来改造主观世界，从而促进个人的发展。自我意识在促进个人发展方面的积极作用主要表现在以下几点。

## 1.促进主体不断完善人格

自我意识是人格的核心，一个具有健全人格的人通常是具有健康自我意识的人。一个人的人格完善是一个渐进的过程，而支撑这个渐进过程顺利进行的是个体的自我意识。可以说，人生的幸福和成功本质上就是通过自我意识不断实现人格完善的过程。

人格又称个性，包括由需要、动机、信念、理想、价值观等组成的个性倾向性和由能力、气质、性格组成的个性心理特点两大系统。而整个人格的形成和绽放都是在心理活动过程中开展的。心理过程是由人的认识、情感和意志三个方面共同维系的。自我意识正是通过不断提高认识、丰富情感、锻造意志来调节和控制整个心理活动过程的，从而使得个体在个性倾向性以及个性心理特点上呈现出各种不同的带有明显"自我"色彩的人格烙印。

人格是相对稳定的，但是人格又是随着环境和条件的变化而不断完善的。自我意识通过调节和控制个体的认知结构、情感体验与行动意向，来适应日益变化的需要，使得个体能积极而主动地适应不断变化的客观世界，这样的适应过程，其实就是一个人完善和优化人格的过程。可以看出，其动力根源就在人的自我意识。

## 2.引导和调控主体成长成才

健康的自我意识是心理健康的重要标志，是人类自身内在的一种成功机制，在推进人成长成才方面起着导向、控制和监督教育的作用。个体通过正确的自我认识，确立较为合理的"理想自我"，这个"理想自我"就会对个体的发展起着导向作用，对个人的认知、情绪、意志、行为都会产生很大影响，是个体活动的动力和参照系。个体会在合理规划的基础上，对自己的注意力、情感、行为等加以控制，以实现自我的目标。另外，由于主客观条件的制约，"理想自我"的实现过程会出现很多阻碍，致使个体产生不同程度的挫折感。由于人有自我意识，在这种情况下就会对自己的认识、情感、意志、行为等进行自觉反省，找到目标受挫的主客观原因，并重新调整认识，形成新的"理想自我"的内容，使"现实自我"和"理想自我"获得统一，从而继续发挥"理想自我"的导向、监督功能。

### 3.改善主体的生活状态

现实总是让不同自我意识水平的人呈现不同的生活状态。拥有健康自我意识的人，能正确认识自我并接纳自我，对自己的现状既能知足又有前进的动力和目标。而对于很多自我意识并不健康的人来说，他们对自己的生活状态都不是很满意，有很多人出现了很多"迷失自我"的困惑和烦恼。这样的人群痛苦的根源大多是由不能认同自我或者不能适应环境造成的。如有的人不能正确认识自己的能力，过高或过低估计了自己的水平，从而确立了一个不适合自己能力水平的目标，使得在目标实现的过程中，困难重重，甚至半途而废，让个体产生失望感和自卑感，而这样的情绪体验又带入下一次确立目标的过程，会让个体更加对自己的能力水平不信任，从而产生畏首畏尾、不敢前进的懈怠心理，甚至使个体的心理陷入一种自卑的恶性循环中。

如果要改善这种生活状态就是要利用和发扬自我意识认知、体验和控制的功能，合理正确地认识自我，获得积极乐观的情感体验，从而使得自我调控机制成为改善自身不足、重塑目标信心的中介，不断推动个体脱离现实的不良生活状态，迈向快乐幸福的康庄大道。

（二）完善的自我意识对青少年的身心健康有非常关键的作用

1.清晰、客观的自我认识对于设定合理的发展目标非常重要

能正确地认识自己，一方面可以防止因目标设定过高造成的失败对自信心的打击，另一方面可以防止目标过低引起的盲目自信。作为活动的主体，青少年经常在行动之前就设定了自己期望达到的目标。自我意识使他们的活动更具有意向性和自主性，行为过程更具有目的性和倾向性，因此个体处于有所为有所不为的最佳状态。

2.积极的自我体验对青少年情绪的调节方面有很大影响

现实生活中，青少年很多的困惑都源于情绪问题，很多情况下是个体长期消极自我体验造成的习惯性影响。培养积极、真实的自我体验，对青少年形成良好的情绪和心态非常必要。

3.良好的自我控制能力对青少年的行为表现起到重要作用

自控能力强的青少年能将自身的行为控制在社会要求、道德约束允许的范围之内，更有利于青少年按照自我塑造计划进行自我监控，有意识地调节自身行为，抵制消极影响和诱惑，保证发展的良性循环。

4.完善的自我意识影响青少年的心理健康水平

青少年正处在人生全面发展的高峰时期。身体快速成

长，进入了人生第二次发育高峰，逐渐趋向成熟；智力水平不断上升；内心感情日益丰富，社会性情感迅速发展；意志变得一天天坚强起来；社会化方面，为正式进入成人社会做准备工作，力图使自己成为一个为社会所接纳的人。自我意识对所有这些方面都有调控和监督的作用。若青年人的自我意识出现问题，则可能对人生发展关键期有巨大的负面影响，如不善于给自己定位、不善于分析自我发展存在的问题、不善于营造平衡心态、不善于处理各种心理危机等。

总之，培养完善的自我意识在青少年的人生发展中起着定位作用、驱动作用和协调作用，有利于其人格和社会性的发展。

### 三、自我意识与心理健康的关系

自我意识是人区别于动物的根本所在，也是人的心理、思想具有多样性的原因之一。自我意识不但是人认识客观世界、改造客观世界的前提，同时也是一个人能否获得主观幸福感、能否保证心理健康的关键所在。

### （一）自我意识是心理健康的重要标志

无论是东方还是西方的心理学家，在界定心理健康的标准时，都不约而同地将良好的自我认知作为心理健康的重要指标。

完善的自我意识是心理健康的重要标志。只有客观准确地认识和了解自我，并对自己的经验持一种接受和开放的态度，才有可能充分发掘自己的潜能，以助其成才；反之，则会影响到身心健康和个人发展。

## （二）良好的自我形象是成功的基础

自我形象不仅影响人的心理健康，而且影响人的成就水平。正如马斯洛所指出的那样，一个有稳固基础的自我形象是迈向自我实现的先决条件。具有良好的自我形象的人才能够有勇气和信心去面对一切，不畏困难，实现自己的奋斗目标。反之，对自己信心不足的人即使本身具有极高的素质也会畏缩不前，瞻前顾后，错失大好的机会，最后与成功擦肩而过。

## （三）不良的自我意识会导致心理疾病

在实际生活中可以看到，有些人因为错误的自我概念而产生各种各样的心理问题，如自卑、自责等，严重的还会发展成为恐惧症、抑郁症等心理疾病。

## （四）影响心理健康的客观因素是通过个体的自我意识而起作用的

影响心理健康的因素可以说是多种多样，非常复杂。既有生物因素、家庭环境及教养方式、人际关系以及社会区域文化等客观因素的影响，也有气质、性格、情绪等主观因素的影响；既有压力和挫折事件等直接因素的影响，也有对直接因素的不同认知风格和体验的间接因素的影响。身处相同的环境，面对同样的压力和挫折，不同的人有着不同的心理感受。这主要是因为影响人的心理健康的客观因素是通过个体的自我意识这一人格调控系统的核心而起作用的。

自我意识越成熟、越完善的人，其自我认知、自我体验和自我控制越能够协调一致地工作。他们对生活中的负性事件的认知比较客观，情绪体验较适度并能积极地进行调解和控制。他们表现出较强的心理承受能力和自我调节能力，因此他们能够经常维持心理健康。而自我意识不成熟或自我意识本身就有障碍的人，由于对自身都无法正确地认识，也就无法客观地分析、评价生活中的负性事件，要么产生歪曲的认知，要么情绪反应过激，要么缺乏行动的动机，因而他们的心理素质较差，心理健康水平也较低。自我意识的矛盾会令青年感到不安、焦虑甚至痛苦，所以大学生总是力求摆脱这种矛盾状态，力图使自我意识再度统一起来，主要表现在主观我与客观我的统一，理想我与现实我的统一，也表现在自我认识、自我体验、自我控制的和谐统一。

# 第二节　大学生自我意识偏差及调适

## 一、大学生自我意识偏差

### （一）自我否定型

自我否定型大学生对现实自我评价过低，理想自我远远高于现实自我，经过努力仍无法拉近距离；或者虽然距离不大，但缺乏驾驭自我的能力，不能通过坚韧不拔、不屈不挠的努力去实现理想自我，一遇到困难挫折就灰心丧气，悲观失望。往往是放弃理想自我而迁就现实自我以求得自我意识的统一，结果更加缺乏自信，更加自卑。

例如，某高校二年级学生吴某，父母为了让他及姐姐上大学，负债累累。进入大学后，吴某妄图以借钱的方式来掩饰自己来自贫困家庭，但是，他对大学期间的生存问题进行了错误的估计，发觉并不如自己预期的可以通过打工补贴生活那么理想化。当然，他也曾想过一些措施提升自己的素质，但多半是半途而废。[①]

吴某过分夸大了这种经济上的落差，从而感到自己脱离不了贫穷，自己不会有好的前途，导致严重的挫败感，以偏概全地看待自己的未来，意志力下降，自卑感越来越强。

### （二）自我扩张型

与自我否定型相反，这类学生高估了现实自我，建立了一个不切实际的甚至错误的理想自我，并认为实现理想自我轻而易举。其理想自我与现实自我的统一是虚假的统一。

### （三）自我萎缩型

自我萎缩型大学生的自我统一比较困难，表现为理想自我极度缺乏或丧失，对现实自我又深感不满。他们往往认为理想自我难以实现，甚至永远无法实现，要么放弃对理想自我的追求，得过且过，要么玩世不恭，自怨自艾，出现自我拒绝心理，自暴自弃、自责自轻等状态，甚至出现理想自我与现实自我的对抗，最终向更严重的心理与行为发展。

### （四）自我矛盾型

自我矛盾型大学生表现为理想自我与现实自我无法协调，无法转变出一个新的自我。其自我意识冲突强度大，延续时间长，新的自我久久不能确立，积极的自我难以产

---

① 王珲.大学生心理健康教育[M].北京:北京理工大学出版社,2022.

生。表现为内心的矛盾冲突激烈，持续时间长，自我认识、自我体验、自我控制缺乏稳定性和确定性，因而新的自我无从统一。

## 二、大学生自我意识偏差的调节

### （一）正确地认识自我

"有些大学生眼高手低，总是希望一毕业就能够坐在办公室里做管理。"针对部分大学生存在的就业错位现象，某公司董事长给大学生讲了一个发生在她身边的故事。她说："有位大学毕业生，工作总是频繁地换来换去。来到我们公司后，他不愿意穿着雨鞋、雨衣在基层管理苗木种植，根本没有一个正确的定位。我告诉他，怕吃苦的人吃苦一辈子，而不怕吃苦的人吃苦半辈子……"

一个人如果能够对自己有一个全面、正确的评价，就能够扬长避短，根据已有的实际情况，选择相应的目标并为之努力奋斗。

#### 1.多方面、多途径地了解自我

在日常生活中，我们对于自己的判断和理解，往往依赖于小范围内的社会比较和别人对自己的评价，而实际上这样形成的自我概念有很大的局限性，不利于人们适应更大的生活范围。

许多大学生在中学阶段都是佼佼者，可是进入人才会聚的大学，就很容易淹没在人群中，常常会迷失自我。大学生要多方面、多途径了解自己，先要通过别人充分了解自己。"旁观者清"，通过他人的眼神、语言、态度了解自己言行的对错和自己的社会处境，从而调整自己的行为表现，以此来完善自我，达到目标。同时，还要从自己的整个生活经验了解自己：既要了解别人对自己的评价、自己与别人的差别，也要了解自己操纵周围事物、把握周围世界的状况；既要了解自己的能力，也要了解自己的性格、品德，对自己有一个全面的了解。

### 2.客观、真实地面对自我

心理学研究证明，我们对于周围世界的信息选择和理解都受到我们需要倾向的制约。在日常生活中，一种途径反馈的真实含义，往往需要从其他途径得到验证。如果盲目相信，并成为一种倾向，对他人提出的批评或改进建议置之不理，那么我们的自我概念就会越来越脱离真实自我。

大学生应该坦然面对别人对自己的评价，正确客观地看待自我；更应该深知自我心灵深处是否健康，尽力而为，顺其自然。

### 3.寻找正确的参照系

他人是反映自我的镜子，是自我认识重要的参照物，与他人交往是获得自我认识的主要来源。大学生可以通过与同学的比较，找出自己的位置。但是这种比较往往带有浓厚的主观色彩，应该采用正确的参照系，比如，只有关注后天主观的努力，看轻不可改变的先天的客观条件，才能更好地认识自我。古人云"吾日三省吾身"，以自身为坐标，通过自我反省认识自我。

### （二）愉快地接纳自我

### 1.无条件接纳自我

我们要无条件地接受自己的一切，包括优点和缺点、成功和失败。面对缺点和失败，我们自身先要对自己不抛弃，不放弃。试想一个人如果自己都不爱自己，又怎能期望别人来爱自己呢？

### 2.相信"瑕不掩瑜"

古人云："金无足赤，人无完人。"要接纳自己的不完美和失败，这是自信的表现，也是自我完善的起点。要努力发现自己的"闪光点"，肯定自己的价值，对自己充满自信心和自豪感，这是悦纳自我的推动力。

不要时时刻刻抓住曾经的不完美、不愉快的事情不放，那样自己的心灵会被蒙上灰色的阴影，人生便会失去美好的憧憬。要接纳不完美的自我，保持创造完美生活的信心。

### 3.运用积极的自我暗示

为了避免自尊心受到损害，不妨采用一些策略性的自我美化的暗示，如选择性遗忘、自我照顾归因等。

大学生应该学会选择性遗忘。选择性遗忘指个体趋避痛苦的本能从而使其有选择地、下意识地把引起个体焦虑的思想、观念以及个人无法接受的不愉快事件压入潜意识中使之遗忘的行为。

### （三）有效地控制自我

塑造自我、超越自我是一个不断实践的过程，有效地调控自我是塑造自我与超越自我的根本途径。

### 1.要保持镇静

你可以记住一个简单的公式"1+3+10=镇静"。"1"是告诉你自己"要镇静，放松"；"3"是指导你深呼吸3次；"10"的意思是"开始慢慢地从1数到10"。做到这些，就能保持镇静并采取负责任的行动。

2.要增强自信心

一个人在学习、工作和生活中不可能是一帆风顺的。自信心是指个体相信自己能力的一种自我意识倾向，自信心来自顽强的毅力，可以使人们最大限度地发挥聪明才智，激励自己不断奋进。

3.要增强自制力

自制力是指一个人自觉地调控和控制自己行为的品质，自我调控是自我意识在意志中的表现，是有明确目标的实际行动与环境相互作用的过程。自制力强的人能够理智地对待周围发生的事件，有意识地调控自己的思想和情绪，约束自己的行为，成为驾驭现实的主人。

### （四）不断地超越自我

超越自我是人生的崇高境界。超越自我，我们才能找到人生的真正价值。

#### 1.建立适当的抱负水准

抱负水准是指人的行为要达到什么程度的心理愿望。大学生往往不能正视自我，不甘心降低自己的抱负水准，而生活中的一些挫折常常是因为不切实际的成就欲望导致的。

最为适当的抱负水准，应当是选择既有适度把握又有适度冒险的目标。如果不考虑把握，一味冒险，就会经常遇到挫折，既白白耗费精力，又给心理上带来消极影响；如果一味求稳，不愿意承担风险，那会错过许多发展的机会，总在原有水平上徘徊。另外，适当的抱负水准，还能避免大学生盲目与他人攀比、竞争，而使自己终日生活在紧张状态中，心理承受过大的压力。

## 2.小步子与大飞跃

古人云："不积跬步，无以至千里；不积小流，无以成江海。"我们可能无法一次就直接达到目标，但可以将目标分解为一个个小目标，每达到一个小目标后，就自我肯定一次。

## 3.注重陶冶性情

健康的情绪能使自己保持适当的紧张和敏感度，这样才能避免在挫折中丧失自我。大学生无时无刻都要提醒自己：诚实而平心静气地检讨得失。在大学的学习生活中，应对挫折比对待成功要难得多。将持之以恒、耐心坚毅的精神贯穿于大学生活，大家会惊奇地发现"原来我也能做到"。

# 第三节　大学生自我意识的完善

## 一、修正自我意识的途径

### （一）树立适当的社会楷模

自我成为一个什么样的人，总是离不开社会生活中各种楷模的影响。"孟母三迁"就是为了给儿子寻找一个适合效仿的楷模。中国古代十分重视树立良好的社会楷模。使受教育者同正人君子生活在一起，使他每天"目见正事，闻正言，行正道，左视右视，前后皆正人"（《大戴礼记》）。四面八方都是"正人"，自然不能不正了。但是，大学生受社会楷模的影响并不是像少年那样，对所喜爱或崇拜的人直接模仿，而是从众多社会楷模身上吸取有意义的、令人敬佩的内容，作为创造理想自我的素材。不同的时代有不同的楷模，他们对不同时代大学生自我意识中"理想的我"的形成起着重要的作用。①

（二）正确看待他人评价

每个人都有自己的优缺点，个人立场不同、看法不同，因此对人对事的看法也不同。同样的事情在不同的人眼里看来效果都会不同，因此我们做人做事不能太过于在乎别人的看法，但也不能一意孤行。当有人批评自己时要静下心来好好想想，自己做得合理吗？什么事都没有绝对的对错，所以要想想自己的做法与你的群体、与这个社会和谐吗？不和谐就要学会改正。如果你没错是别人的问题，那就秉承那句话：走自己的路让别人说去吧。因为你毕竟不能顾及每个人的感受，只是要严守自己的底线。

（三）正确对待个体实践的体验

大学生的自我意识是随着学习活动、课外活动和各种社会交往而不断发展的。他们通过实践活动增进对自我的认识，获得自我体验，并进一步修正自我观念，调整自我要求和实现的行动。当他们在学习中取得显著的进步时，就体验到成功的愉悦，提高了对自我学习能力的评价，增强了信心；而当学习成绩下降时，他们不但体验到失望和痛苦，而且会对自己的学习能力产生怀疑，降低对自我的信心。有个大学生说："我原来认为自己很聪明，可是第一学期几科成绩都没考好，我开始对自己的智力产生了怀疑，

---

① 路晓英,孙锋,许明超.大学生心理健康教育[M].天津:天津科学技术出版社,2019.

后来我的成绩又上去了，我又恢复了对自己学习能力的信心。"可见，实践的结果不断影响着大学生的自我认知和自我评价。

### （四）正确使用网络

上网本身并非坏事，必须承认网络的普及给人们的日常生活乃至工作带来了极大便利。第一，扩大了大学生的交际范围；第二，有助于缓解学习压力，不断补充大学生的精神食粮；第三，可以满足大学生的心理需求；第四，促进了大学生的个性张扬。例如，如今流行的网络社团所衍生的新型文化所表现出的开放、自由、互动，使大学生拥有自我选择的机会去感知社会、了解社会、认识社会，可以尽情挥洒个性。网络是一把双刃剑，其负面影响也是不容忽视的，网络存在着虚拟性，因此大学生要更好地使用网络，利用网络资源。

## 二、完善自我意识的途径

### （一）积极悦纳自我

在对待自我的态度上有两种情况：第一，自我认可，既看到自己的优点和长处，又承认自己的缺点和不足，对自我给予基本肯定。与之相联系的是自尊的自我体验，接受自己的各个方面。第二，自我拒绝，对自己作出消极评价，夸大自己的缺点和不足，甚至否认自己存在的价值。与之相联系的是自卑的自我体验，即自己可以喜欢朋友、喜欢知识、喜欢自然，却不愿意喜欢自己。自我认可的态度也可以称作悦纳自我，悦纳自我是发展健康的自我体验的关键和核心。

学会悦纳自我对任何一个人来说都很重要，因为能否悦纳自我是一个人心理是否健康、成熟、能否自我完善和重塑自我、实现与超越自我的关键因素，只有悦纳自我，才能根据自己的特点以及所处环境扬长避短，才能以知行统一的方式去实施个人的成长计划，直到实现自己的发展目标。自我悦纳是自我意识健康发展的关键所在。有的人从生下来就不满意自己，天天审判自己，心理学研究表明，人的很多心理问题是由于不接纳自己造成的。"金无足赤，人无完人"，正确地面对自我，接纳自我，是人们获得成功必不可少的心理条件。

具体地说，积极悦纳自我包括以下几点：①接受自己，喜欢自己，觉得自己独一无二，有价值感、自豪感、愉快感和满足感；②性格开朗，对生活乐观，对未来充满憧憬；③平静而又理智地看待自己的长处与短处，冷静地对待自己的得与失；④树立远大的理想，并以此激励自己不断地克服消极情绪；⑤既不以虚幻的自我补偿内心的空虚，也不以消极回避漠视自己的现实，更不以怨恨自责以至厌恶来否定自己。

### 1.接纳自我就是相信自我

有人说，世界上没有两片相同的叶子，同样。你也是世界上独一无二的。因为有史以来，曾经有亿万人生活在这个地球上，但从来未曾有过第二个你；如果你不克隆自己，也将永远不会有第二个你，所以你有足够的理由自尊自爱，即使是遭受挫折、历经坎坷。如果你连自己都怀疑，还指望谁能相信你？要相信自己的能力，对于贬抑性的评价不要盲目接受。事实上，有些评价并不总是正确的，例如，发明大王爱迪生小学时被老师认为"智力迟钝"，刚念了3个月就被开除了；爱因斯坦在学生时代被老师斥责为"永远不会有出息"，而事实上，他在科学领域作出了杰出贡献。所以，要学会把贬抑性的评价化为自己向上的动力，看成是对自己的鞭策和督促，这样就能防止自卑感的产生。

### 2.接纳自我就要原谅自我

人生的道路并不是平坦的，总会有太多的不如意，如果因为某些事没有做好（如考试没有考好），而总是无休止地埋怨自己、惩罚自己，那么你将陷入一种自卑和自暴自弃的恶性循环之中。不要把一次偶然的失败看得太重，不要给自己的心理施加更大的压力，有效的方法就是原谅自己，把挖精神陷阱的时间用于分析失败原因，研究重新取胜的办法。只有走出失败的陷阱，才能重现辉煌。

### 3.接纳自我就要正视自我

尺有所短，寸有所长，每个人都有短处和缺陷，其中有的是无法补救的或只能做有限的改善。在这种情况下应该正视现实，坦然接受自己的缺陷，并不以此而羞愧，不在别人面前加以掩饰，不采取其他防御行为。人的美与丑从来就不是绝对的，容貌的好坏并不能说明人的本质。人的美包含容貌、身材、心灵、气质等多种因素，其外在美与内在美相比较，后者重要得多、有价值得多。雨果笔下《巴黎圣母院》中的卡西莫多虽然长得丑，但他的内心是美的，照样能赢得人们的敬爱。一位先哲说过："人不是因为美丽才可爱，而是因为可爱才美丽。"

### （二）有效地控制自我

自我控制是主动定向改造自我的过程，也是个体对待自己的态度的具体化过程，同时，它是大学生健全自我意识和完善自我的根本途径。

### 1.大学生要有效控制自我的要求

第一，建立合乎自我实际情况的抱负水平，确立合适的理想自我。即面对现实，确定自己的具体奋斗目标。把远大的理想分解成一个个远近高低不同的子目标，由近及远，由低到高，循序渐进，逐步加以实现。关键是每个子目标都应适当、合理，经过努力可以达到，否则会丧失信心。

第二，增强自尊和自信，使自己有为实现理想自我而努力的更强大的动力，激励自己不断奋进。

第三，培养顽强的意志和坚强的性格，发展坚持性和自制力，增强挫折耐受力，使自己能自觉主动地认清目标，为实现目标而努力排除干扰、克服困难，正确地面对成功与失败。

### 2.让自己更好地控制自我的几种做法

人不可能永远处在好情绪之中，生活中既然有挫折、有烦恼，就会有消极的情绪。一个心理成熟的人，不是没有消极情绪的人，而是善于调节和控制自己情绪的人。那么，如何善于调节和控制自己情绪呢？

第一，意识控制。当愤愤不已的情绪即将爆发时，要用意识控制自己，提醒自己应当保持理性，还可进行自我暗示："别发火，发火会伤身体。"有涵养的人一般能做到意识控制。

第二，自我鼓励。用某些哲理或某些名言安慰自己，鼓励自己同痛苦、逆境做斗争。自娱自乐，会使你的情绪好转。

第三，语言调节。语言是影响情绪的强有力工具。如你悲伤时，朗诵滑稽的语句，可以消除悲伤。用"制怒""忍""冷静"等词语自我提醒、自我命令、自我暗示，也能调节自己的情绪。

第四，环境制约。环境对情绪有重要的调节和制约作用。情绪压抑的时候，到外边走一走，能起到调节作用。心情不快时，到游乐场做做游戏，会消愁解闷。情绪忧虑时，最好的办法是去看场令人开心的电影。

第五，安慰。当一个人追求某项目标而达不到时，为了减少内心的失望，可以找一个理由来安慰自己，就如狐狸吃不到葡萄说葡萄酸一样。这不是自欺欺人，偶尔作为缓解情绪的方法，是很有好处的。

第六，转移。当火气上涌时，有意识地转移话题或做点别的事情来分散注意力，便可使情绪得到缓解。打球、散步、听音乐，也有助于转移不愉快情绪。

第七，宣泄。遇到不愉快的事情及委屈，不要埋在心里，要向知心朋友或亲人诉说出来或大哭一场。这种发泄可以释放内心郁积的不良情绪，有益于保持身心健康，但发泄的对象、地点、场合和方法要适当，避免伤害别人。

第八，幽默。幽默是一种特殊的情绪表现，也是人们适应环境的工具。具有幽默感，可使人们对生活保持积极乐观的态度。许多看似烦恼的事物，用幽默的方法对付，往往可以使人们的不愉快情绪荡然无存，立即变得轻松起来。

### （三）不断超越自我

大学生要努力地完善自我，才有超越自我的根本。向自我挑战，即是超越现在的我，迈向一个新的我，不是停滞不前，也不是安于现状。例如，期末考试时，能突破自我，向原来的成绩挑战，只要有进步，哪怕是进步个两三分，也算是挑战成功！否则最后一名是你，成绩总是停滞原地，那多难堪！

要完善自己，就要有全面分析自己的能力，要全面看待自己的优势和弱势。只有在了解自己的前提下，才能够不断完善自己。人都是希望不断完善自己，活出自己精彩独特的人生。但是在自我完善的同时很难把握事情对自己的改变，或者说对自我的左右。要完善的是自己的能力，而不是自己独有的个性。能力需要理论充实和实践锻炼，使自己的能力得到提高。有一种感觉：假如你站在群山之巅俯视大地，盲目的自豪感就会油然而生，认为自己是世界的主宰；假如你站在繁华都市人海茫茫的人行道上，马路上是如梭的、令人眼花缭乱的汽车，路边是仰望都看不到顶的高楼，你就会觉得自己太渺小。

我们到底是伟大还是渺小呢？其实在这个世界上，我们的位置已经被定位。只不过有时我们忘乎所以，有时我们悲观失望罢了。

如何定位，是共同价值观应讨论的问题。不仅要正确地定位自己，而且要不断地完善自我，世人在自我定位上存在两种不正确的心态。第一，盲目高傲自大，就像夜郎国人。他们觉得自己多么了不起，觉得自己的能力与常人不同，有点高高在上的感觉。这些人认为自己天生就是当官的料，在平凡的岗位上实在是太委屈自己了。可想而知，这些人在日常的工作中是不愿意出力的，他们的主要目的就是钻营，以实现往上爬。这些人自我解释的口头禅是：不想当将军的士兵不是好士兵。试问这些人：人人都当将军，谁来当士兵？第二，盲目的自卑。他们认为自己的知识已经淘汰，已不适应社会的发展，唉声叹气，甚至想早早退休。面对工作压力时，往往是知难而退，无主观能动性。正确地定好自己位置、良好的心态是干好工作的前提。

当今社会，越来越多的人意识到：终身学习的时代来了。如果不学习就会显得孤陋寡闻，就会被新时代淘汰，很难适应要求越来越严格的岗位。毕竟，你学过的东西仅仅是皮毛，越来越多的新知识充斥着整个世界。小到细菌，大到宇宙，其中的奥妙永无止境。如果我们想永远做个适应岗位、适应社会的强者，那就需要不断地学习、不断地完善自我。高傲的人，学习了就会有更多的本钱；自卑的人，学习了就会产生自信。所有人在不断地完善自己，社会就会进步得很快。定好自己位置，在自己的工作岗位上脚踏实地；完善自我，才能更好地在自己的工作岗位上始终立于不败之地，出色圆满地完成领导交给的任务。

人生的路崎岖不平，只有向自我挑战才能往前行。且把自我挑战当成一把锐利的刀，用它去斩除旅程中的荆棘，超越巅峰，超越自己！

# 第三章　大学生情绪管理

## 第一节　大学生情绪概述

谈到情绪，人们自然会联想到喜怒哀乐、悲欢离合。生活中，每个人随着心理活动的进行，都会表现出不同的心理状态。时而积极，时而消极；时而温和，时而暴躁；时而焦虑，时而轻松；时而烦恼，时而快乐……人在清醒的每时每刻都处于一定的情绪状态之中，情绪直接影响着我们的生活、学习和身心健康。大学生正处于青春期，情绪波动较大，情感体验复杂而丰富，经常会面临着各种各样的情绪困扰。对情绪心理的正确认知与疏导，对其学习、生活将很有裨益。

### 一、情绪与心理健康

情绪是指人们在内心活动过程中所产生的心理体验，或者说，是人们在心理活动中，对客观事物是否符合自身需要的态度体验。

#### （一）情绪的产生

情绪状态下个体会产生生理变化与行为变化，且很难被自身所控制，因此情绪对个体的生活、学习和工作具有重要的影响作用。情绪状态是人的需要是否得到满足的反映，同时又因人的主观体验的不同而千差万别。[①]

### 1.情绪由刺激所引起

情绪不是自发的，是由刺激引起的。引起情绪的刺激，多半是外在的，但有时也是内在的，有时是具体可见的，有时又是隐而不显的。和煦的阳光，清凉的海风，令人心旷神怡；忙碌的街道，喧哗的操场，则令人烦躁不安；未完成的作业，欠债的通知，引起人们的焦虑和紧张。诸如此类，引起情绪的外在刺激不胜枚举。

至于引起情绪的内在刺激，有生理性的，诸如腺体的分泌、器官功能失常（疾病）。还有心理性的，诸如记忆、联想、想象等心理活动。想到伤心事，不觉潸然泪下，这是人人都能体会得到的经验。这些生理性和心理性的内在刺激均可能使人产生不同的情绪。

### 2.情绪与需要密切相关

需要是情绪产生的基础，而且个人所体验到的情绪性质具有主观性。因而，是否引起情绪体验以及产生何种情绪体验，都与需要密切相关。客观刺激与主观需要的相关性是情绪产生的前提。

另外，客观事物是否满足人的需要，决定个体产生什么样的情绪体验。当客观事物符合并满足人的需要时，就会使人产生积极的情绪体验，如满意、愉快、喜悦、振奋等；当客观事物不符合人的预期并不能满足人的需要时，就会使人产生消极的情绪体验，如悲哀、厌恶、忧虑、愤怒等。大学生的需要复杂多样，既有合理的需要，也有不合理的需要。即使是合理的需要，由于受到年龄、阅历、

①于婷.大学生品格优势、情绪管理与心理健康关系[D].哈尔滨:黑龙江大学,2022.

知识和能力等条件的限制，有时候也不可能满足，这就造成了大学生情绪的广泛性、复杂性和多样性。

### 3.情绪与认识活动密切相关

同样的外在刺激，未必引起同样的情绪状态。比方说灾难，有人见灾恐惧，也有人幸灾乐祸，出现这种情绪反应差异的现象，显然与个人的动机有关。两名打完篮球的运动员回到宿舍后同时看到桌子上有半杯水，二人的态度截然不同。运动员A说："哎呀，水杯里只有半杯水，没得喝了！"运动员B说："太好了，杯子里还有半杯水，可以享受一下了。"总之，产生何种情绪与认识活动密切相关。

### 4.情绪状态不易自我控制

情绪经验的产生，虽然与个人的认知有关，但在情绪状态下伴随产生的生理变化与行为反应，当事人却是很难加以控制的。研究表明，人在愤怒时，呼吸每分钟可达40～50次（平静时每分钟20次左右）；突然惊恐时，呼吸会暂时中断，心跳每分钟20次；狂喜或悲痛时，呼吸还会出现痉挛现象。呼吸的变化可由呼吸描记器以曲线的形式记录下来。分析人的呼吸曲线的变化，可以推测人的某些情绪状态的存在。当人在愤怒时，除去呼吸的变化，人的循环系统也会产生变化，如心跳加速、血压升高、血糖升高、血液的化学成分（如血氧含量）产生变化等。此外消化腺的活动也会受到抑制，例如，当人焦虑、悲伤时，肠胃蠕动功能下降，食欲衰退；惊恐、愤怒时，唾液常常停止分泌，而感到口干舌燥。泪腺、汗腺以及各种内分泌腺（如肾上腺、胰腺等）都会在情绪状态下发生一系列变化。

在所有的反应中，皮肤电阻的反应是最为显著的。因为情绪状态中，血管的收缩和汗腺的变化会引起皮肤电阻的变化。由于在人的汗腺当中存在着大量的钠元素，这种元素会使导电性增强，电阻下降，从而使电流升高，故而通过对皮肤电流的测试，就可以了解人的情绪状态。测谎仪就是根据人在情绪变化时不能控制身心变化的原理而设计的。根据上述所说的呼吸的变化、脉搏跳动的增加以及皮肤电流的升高，研究人员可据此了解和报道被试者是否说谎。这说明，人在一定的情绪状态下产生的生理变化和行为反应，当事人是不易控制的。

## （二）情绪的作用

情绪对于大学生具有重要的作用。概括起来，它对于大学生的作用主要表现在以下几个方面。

### 1. 自我保护的功能

不少人认为愤怒、恐惧、焦虑、痛苦等负性情绪是不好的或不该出现的。其实很多情绪，包括一些负性情绪，在我们生活中也是必要的，有其不可替代的作用。曾经有一个小伙子，在爬山比赛时手臂甩在岩石上，当时没感觉怎样，直到后来发现胳膊红肿到医院检查，才被发现是手臂骨折了，原来他患了一种骨髓炎症，痛感神经已坏死，丧失疼痛感，所以即使骨折了也全然不知。可见，一个人一旦丧失了痛感，是很危险的。其实，每一种情绪都是有其功能的。比如，当人处于危险的境地，恐惧的情绪能促使人更快地脱离险境；当人在工作或学习中承担的负荷超出了自身的承受能力时，疲惫的情绪会使人不得不放弃一些工作，而获得休息；在被人伤害时，愤怒的情绪会促使人奋起反抗，自我保护。

### 2.人际沟通的功能

人际交往不仅是出于信息上的交流和工作中的协调等方面的需要，更是带有情绪上的需求与满足。曾有一个大学生面对着人声嘈杂的、拥挤的宿舍，自叹道自己特别的孤独，引来周围同学的诧异，有同学问："这么拥挤的生活环境，想找个清静的地方都难，你怎么还感到孤独？"这个同学自嘲地说："我就像是被关在一个透明的玻璃瓶中，尽管周围有的是人，可对于我而言，只是看得见而摸不着的呀！"其实这个同学感到孤独，正是缺少情绪上的沟通，是对情感交流的一种渴望。情绪在人际沟通中，起着非常重要的调节作用，像微笑、轻松、热情、喜悦、宽容和善意的情绪表达，会促进人际间的沟通和理解；而冷漠、猜疑、排斥、偏执、嫉妒、轻视的情绪反应，则会构成人际交往中的障碍。

### 3.信息传递的功能

情绪还能起到信息传递的功能。例如，情人之间的一个眼神、一个微笑，就可互表爱意；知己之间的一个动作、一个表情，就能使对方心领神会；考场中，监考教师威严的目光，就足以使那些想投机取巧的人望而却步。情绪还可以相互的影响和传播。当一个人兴高采烈时，他就会将这种情绪感染周围的人；而当一个人沮丧、愤怒时，也会使这种情绪在周围传播开来，并且还会将这些负性情绪迁移到他人身上。

### （三）情绪的类型

人的情绪是复杂的、多种多样的，其类型难以有一个统一的划分方法。情绪的类型大致可概括为以下几种分类方式。

### 1."七情"之分

在我国，自古以来人们通常将情绪按其表现分为喜、怒、哀、惧、爱、恶、欲，人们称之为"七情"。即在人的需求达到充分满足时而产生的一种满意、愉快和欢乐的情绪体验；当人的需求不能得到满足或是为此而进行的活动受到阻碍时而产生的一种不满、恼怒的情绪体验；当人的期望不能得到实现或是遭遇重大的丧失而引起的一种悲哀的内心感受；当一个人面对危险或是巨大灾难时，而产生的极度恐慌、畏惧感。除此之外，情绪还有憎恶、渴望、害羞等表现。

### 2.基本情绪与社会性情绪

从情绪的形成与发展的角度，可将情绪分为基本情绪和社会性情绪。基本情绪主要是指与人的生理需要相联系的内心体验，如人的恐惧、焦虑、满足、悲哀等。人的基本情绪在幼年时期就已经基本形成了，更带有先天遗传的因素。社会性情绪是指与人的社会性需要相联系的情绪反应，是一种较为复杂而又稳定的态度体验。例如人的善恶感、责任感、羞耻感、内疚感、荣誉感、美感、幸福感等，是后天随着人的成长而逐步发展和形成的。社会性情绪是在基础情绪上形成和发展起来的，同时又通过基础情绪表现出来。大学阶段，更多的是形成和丰富自己的社会性情绪的感受和体验。

### 3.情绪的三维理论

美国心理学家普拉奇克从生物学的角度，提出了情绪的三维理论，即情绪具有两极性、相似性和强弱性特点。

例如，喜悦的情绪，从兴奋程度上可表现为舒畅、愉悦、快乐、欢喜、狂喜等不同的心理体验层次；而愤怒的情绪，从紧张度上也可分为不满、气恼、愤懑、恼怒、大怒、狂怒等；悲哀的情绪从程度上则可分为忧虑、忧愁、忧郁、哀伤、悲伤、悲痛、痛不欲生等；恐惧情绪可分为担心、不安、害怕、恐惧、惊恐、极度惊恐等。

### 4.心境、激情与应激

一些心理学家将情绪状态划分为心境、激情与应激三种形态。心境是指一种深入持久又比较微弱的情绪状态，具有渲染性和弥散性的特点。比如，当一个人心情舒畅时，他看什么都会觉得乐观积极；而当一个人郁郁寡欢时，则对许多事都会感到没有兴趣。激情是一种短暂的、强烈的、疾风暴雨式的情绪状态。例如观看球赛过程中的欣喜若狂。激情具有强烈的冲动性和爆发性，产生得快，消失得也快。应激又称为应激状态，是指由于出乎意料的紧张或危险情境所引发的情绪状态。在应激状态下，人的心率、血压、呼吸和肌肉紧张度等会发生显著的变化，从而增加身体的应变能力。在应激状态下，人们往往能作出平时难以做到的事，使人尽快地转危为安。一个人长期或频繁地处于应激状态中，会导致身心疾病和心理障碍。

此外，还有人从情绪的功能角度，将愉快、欢乐、舒畅、喜欢等视为正性情绪，而将痛苦、烦恼、气愤、悲伤等视为负性情绪；也有人将情绪划分为积极情绪和消极情绪；等等。

### （四）情绪的表达

所谓情绪表达，是指个体将其情绪经验，通过行为活动表露于外，从而显现其心理感受，并借以达到与外在沟通的目的。情绪表达有很多种方式，如语言文字、图画符号、身体活动等。

### 1.面部表达

情绪表达以面部的肌肉活动为主。有关描写情绪的汉语成语中，诸如眉飞色舞、眉目传情、愁眉苦脸、横眉竖眼、喜形于色等，都是指面部的表情表达了不同的情绪状态。此类成语的含义，一方面表示情绪表达者的心理状态，另一方面也表示别人据此了解当事人的心理状态。因此，由面部动作所表达的情绪，永远具有双向沟通的作用。

### 2.身体语言

所谓身体语言，是指通过身体的各种动作代替语言借以达到情绪表达的目的。广义言之，身体语言也包括前述的面部表情在内；狭义言之，身体语言只包括身体与四肢的动作所表达的意义。可见，身体各部位姿态的变化也是一种情绪表达的形式，如，鼓掌表示鼓励和兴奋，顿足捶胸表示痛苦、悔恨，垂头丧气表示失望，坐立不安表示烦躁等。

### 3.言语表达

言语表达主要是指言语的声调、音色、节奏速度方面的变化。例如，悲哀时语调低沉，言语缓慢、间断；喜悦时语调高昂，速度较快，语音高低差别大。研究表明，言语表情所传达的情绪信息比词语本身含义更多、更复杂。

情绪表达作为情绪的突出外在表现，不仅是个体情绪和社会性发展的重要评价标准之一，还具有适应作用和信号作用等重要功能。情绪表达对于促进人际关系和谐、减少压力、促进心理健康有重要意义。国外已有一系列研究表明，善于表达的人很少有抑郁倾向；高情绪表达者比低情绪表达者有更多的快乐、更少的焦虑和内疚。国内有研究表明，情绪表达与人际敏感、敌对、抑郁、焦虑等因子均呈显著负相关，说明恰当的情绪表达有利于减轻心理压力，促进心理健康，减少心理疾病的发生。因此，培养情绪表达能力应成为大学生情感教育不可或缺的部分。

## 二、大学生情绪特点及影响

对于大学生来说，再没有比情绪状态更能让人产生波动的了。一名大学生这样形容自己的情绪："当我情绪高涨时，我就像一座喷发的火山，心花怒放，充满着豪情壮志，好像有使不完的力量和精力，我愿意将我所有的热情和智慧，与我认识的所有人分享；而当我情绪低落时，我又像是一座冰山，对什么都失去了兴趣，我会感到命运乃至周围所有的人都在和我作对，我是那样的沮丧与无奈……"

### （一）大学生的情绪特点

随着社会地位、知识素养的提高以及所处特定年龄阶段的影响，大学生的情绪带有鲜明的特征，具体表现在以下几个方面。

### 1.丰富性和复杂性

从生理发展方面来看，大学生正处于多梦的年龄阶段，几乎人类所具有的各种情绪，都可在大学生身上体现出来，并且各类情绪的强度不一，例如有悲哀、遗憾、失望、难过、悲伤、哀痛、绝望之分。从自我意识的发展来看，大学生表现出较多的自我体验，自我尊重的需要强烈，易产生自卑、自负等情绪体验；从社交方面来看，大学生的交际范围日益扩大，与同学、朋友及师长之间的交往更细腻、更复杂，有的大学生还开始体验一种更突出的情感——恋爱，而恋爱活动往往又伴随着深刻的情绪体验，这种特殊的体验对大学生有十分重要的影响；从情绪体验的内容来看，大学生的情绪呈现出丰富多彩的特征，以惧怕的情绪来说，大学生所怕的事物，主要与社会的、文化的、想象的、抽象复杂的事物和形势有关，诸如怕考试、怕陌生人、怕惩罚、怕寂寞等。

## 2.波动性和两极性

大学时期是人生面临多种选择的时期，学习、交友、恋爱等人生大事基本在这一阶段完成。社会、家庭、学校及生活事件，都会对大学生的情绪产生影响。尽管大学生的认识水平有了一定的提高，对自己的情绪已有了一定的控制能力，情绪亦趋于稳定，但同成年人相比，大学生相对敏感，情绪带有明显的波动性，一句善意的话语，一个感人的故事，一支动听的歌曲，一首情理交融的诗歌，都可以致使情绪发生骤然变化。特别是在社会转型过程中，社会的变迁、体制的变革、新与旧价值观的更替，种种复杂的社会现象更容易使大学生产生困惑和迷茫，产生情绪的困扰与波动。同时，由于大学生正处于情绪表现的"动荡"时期，自我认知、生涯发展及心理发展还未成熟等原因，他们的情绪起伏较大，带有明显的两极化特征：胜利时得意忘形，挫折时垂头丧气；喜欢时花草皆笑，悲伤时草木流泪；情绪的反应摇摆不定、跌宕起伏。有人对大学生进行调查，发现70%的情绪都是经常两极波动的，也就是像"波动曲线一样，忽高忽低，忽愉快忽愁闷"。

### 3.冲动性和爆发性

美国心理学家霍尔认为青春期处于"蒙昧时代"向"文明时代"演化的过渡期，其特点是动摇的、起伏的，他把这一时期称为"狂风暴雨"时期。由于知识水平和认知能力的提高，大学生对自己的情绪能够有所控制，但由于他们兴趣广泛，对外界事物较为敏感，加之年轻气盛和从众心理，因而在许多情况下，其情绪易被激发，犹如急风暴雨不计后果，带有很大的冲动性。他们往往对符合自己信念、观点和理想的事件或行为迅速发生强烈的情绪；对于不符合自己信念、观点和理想的事件或行为，则迅速出现否定情绪。个别的有时甚至会产生盲目的狂热，而一旦遇到挫折或失败又会灰心丧气，情绪来得快，平息也快。

大学生情绪的冲动性常常是与爆发性相连的。大学生的自制力较弱，一旦出现某种外部强烈的刺激，情绪便会突然爆发，借助于冲动的力量驱使，以至于在语言、神态及动作等方面失去理智的控制，忘却了其他任何事物的存在，极易产生破坏性的行为和后果。

### 4.阶段性和层次性

大学阶段由于不同年级培养目标和培养重点不同，教育方式和课程设置有所区别，各个年级面临的问题不同，大学生的情绪特点也不同，呈现出阶段性和层次性的特点。大学新生所面临的是环境适应，学习方法的改变，新的交往对象的熟悉、了解以及新的目标确立等问题。新生自豪感和自卑感混杂，放松感和压力感并存，新鲜感和恋旧感交替，情绪波动大。二、三年级大学生经过了一年级的适应过程，能够融入校园生活中，情绪较为稳定。毕业班学生面临毕业论文（毕业设计）及择业等多方面的重大问题，压力大，情绪波动大，消极情绪多。另外，由于社会、家庭及自身要求、期望不同，能力、心理素质的差别，大学生也会体现出不同的情绪状态。

5.外显性与内隐性

大学生对外界刺激反应迅速敏感，喜、怒、哀、乐常形于色，比起成年人更加外露和直接。但比起中小学生，大学生会文饰、隐藏或抑制自己的真实情感，表现出内隐、含蓄的特点。一般而言，大学生的很多情绪是一眼就能看出来的，如考试考了第一名或赢得一场球赛，马上就能喜形于色。但由于自制力的逐渐增强，以及思维的独立性和自尊心的发展，他们情绪的外在表现和内心体验并不总是一致的，在某些场合和特定问题上，有些大学生会隐藏或抑制自己的真实情感，有时会表现出内隐、含蓄的特点。例如对学习、交友、恋爱和择业等具体问题，他们往往深藏不露，具有很大的内隐性。另外，随着大学生社会化的逐渐完成与心理逐渐成熟，他们能够根据特有条件，有规范、有目标地来表达自己的情绪，使得自己的外部表情与内部体验不一致。例如，有的学生对异性萌生了爱慕之情，却往往留给对方的印象是贬低、冷落。

造成大学生情绪两极性的心理原因主要有三个方面：①大学生对事物的认知还不稳定，对事物还缺乏完整的把握，因而在思维方式上往往轻易地加以肯定或否定，易走极端。当他们用这种不成熟的认识去看待外界事物时，就容易发生矛盾，从而造成情绪的摇摆不定。②大学生的自我意识正在觉醒和发展，他们把探索的目光指向自我内部，但现实自我与理想自我的不一致常常会引起情绪的波动。

③由于大学生的内在需要日益增长且不断变化，与现实满足需要的可能性之间是非线性关系，这也使他们易处于矛盾状态而表现出情绪忽高忽低、激动多变。

### （二）情绪对大学生的具体影响

情绪状态会影响大学生校园生活的各个方面，情绪对大学生具有重要的作用。概括起来，它对于大学生的具体影响主要表现在以下几个方面。

#### 1.情绪对大学生健康的影响

根据现代生理学、心理学和医学的研究成果表明，情绪对人的身心健康具有直接影响。若能保持愉快的心情，为人开朗乐观、积极向上，则人体免疫功能活跃旺盛，可以减少患病的机会，有益健康。不仅如此，良好的情绪不仅使大学生对生活充满希望，对自己满怀自信，而且能够使他们的求知欲增强、思维敏捷、富于创造力、爱好广泛、建立良好的人际关系，促进他们的全方位发展。

与此相反，消极的情绪对人的身心健康危害极大，在压抑、紧张、焦虑、恐惧等消极情绪的长期作用下，人的免疫能力下降，容易患各种传染性疾病，内脏功能也会受到伤害。许多研究表明，消极情绪是健康的大敌。突然强烈的紧张情绪会影响大脑皮层的活动，抑制或破坏大脑皮层的兴奋及平衡，使人的意识范围狭窄、判断力减弱，失去理智和自制力。调查发现，大学生中常见的消化性溃疡、紧张性头痛和偏头痛、心律失常、月经失调、神经性皮炎等，都与消极情绪有关。

#### 2.情绪对大学生学习的影响

情绪不仅与大学生的身心健康有关，而且与大学生的潜能开发、工作效率有关。良好的情绪往往使大学生乐于行动，有兴趣学习、工作和活动，有助于开阔思路，注意力集中，富有创造性。研究发现，精神愉快、心情舒畅、紧张而轻松是思考和创造的最佳状态，可以有效地进行智力活动。

### 3.情绪对大学生人际关系的影响

由于情绪具有感染性，良好的情绪，积极而稳定。正性情绪大于负性情绪的人，在人群中更受欢迎，更容易获得别人的赞赏，容易形成良好的人际关系。一个大学生这样形容宿舍中另一个同学：他的情绪正如6月的天，喜怒无常，无法把握，与他相处如履薄冰，我们时刻要受他情绪的支配与感染。我们认为，他没有用坏情绪影响我们好心情的权利，因而我们选择逃避，尽量少与他交往。

与此同时，大学生在人际交往中，要注重提高自身修养，学会适度控制与调节自己的情绪，做情绪的主人，才能拥有良好的人际关系。

### 4.情绪对大学生行为目标的影响

1979年，新西兰心理学家埃普斯顿在《人类情绪的生态学研究》这篇文章中，介绍了他对大学生的自我观念、情绪与行为变化之间关系的研究成果。结果表明，当体验到的是积极的情绪，如感到高兴、亲切、安全、平静，大学生的行为目标也往往是积极的，对新经验的接受和开放、对周围人的尊重和理解、对价值和长远目标的献身精神等，都有明显增强。当体验到的是痛苦、愤怒、紧张或受威胁等消极情绪时，一部分大学生的社会兴趣下降，反社会行为增加，对新经验持审慎，甚至闭锁的态度；而另一部分大学生的行为并没有向消极方面转化，而是汲取教训，重新再来。

埃普斯顿的实验结果表明：积极的情绪体验与积极的行为变化总是有一致的关系。因此，在大学生活中要尽可能多地缔造这种关系。

# 第二节 大学生情绪困扰及调适

几乎所有的大学生在校期间都会因为学习与生活中的压力或是自身的性格问题，而受到情绪问题的困扰，即所谓"人人都有难念的经"。大学生在学习、生活、人际交往中常见的情绪困扰，主要反映在以下几个方面。

（一）焦虑

焦虑是一种伴随某种不祥预感而产生的令人不愉快的情绪，是一种复杂的情绪状态。它包括紧张、不安、惧怕、烦躁、压抑等情绪体验。许多人说不出自己焦虑的原因，而研究表明，事情的不确定性是产生焦虑的根源。焦虑是大学生常见的情绪困扰，当他们在学习、生活各方面遭遇挫折或担心需要付出巨大努力的事情来临时，便会产生这种体验。大学生的焦虑情绪与人格特点、年龄阶段、生活事件、内心动机冲突和挫折等因素相关。大学生常见的焦虑有以下几种。[1]

---

[1]王健荣.大学生情绪管理性别角色差异研究[D].西安:西北大学，2018.

### 1.适应困难的焦虑

因适应困难而产生焦虑是大学生，尤其是新生中比较常见的情绪问题。大学生由于生活环境和学习方式的改变，对新的环境难以很快适应，因而引起各种焦虑反应。面对这些适应困难，第一，要正确评价自己。第二，要掌握全新的学习方法，适应新的学习方式。第三，积极参加社会活动，端正对交往的认识。

### 2.考试焦虑

考试焦虑是指担心自己考试失败有损自尊或渴望得到更好的分数的高度忧虑的一种负性情绪反应。考试焦虑的原因主要是不能正确对待考试，把考试分数看得过重，对以往考试的失败过于疑虑，过分敏感自尊，又缺乏自信，担心因考试失败而影响自己形象，过于关心别人的复习状况和考试发挥，产生自卑和急躁情绪等。要摆脱考试焦虑的困扰，第一，正确认识和对待考试。第二，做好充分的物质和心理准备。第三，掌握自我调整的方法。

### 3.关注身体健康的焦虑

由于学习紧张和脑力劳动较多，会使一些大学生出现失眠、疲劳及各种躯体疾病，当对这些情况过分关注时，便可能导致焦虑的产生。要想克服这种焦虑，第一，加强身体锻炼，调节身心健康。第二，学习生理卫生知识，正确认识生理现象。

除此之外，大学生的焦虑困扰还表现在其他方面，如择业焦虑、自我形象焦虑、贫困焦虑等，这些焦虑也会影响大学生的心境，给生活、学习带来负面影响，如不及时觉察并积极调整，严重时就可能导致严重的身心危害。

## （二）抑郁

抑郁是一种以情绪异常低落为表现的、不愉快的情绪反应，它是一种复合性负性情绪。在令人忧伤或悲痛的情境中，每个人都有过抑郁的体验，是日常生活的一部分。与一般的悲伤不同，抑郁的体验和反应比单一的负性情绪更为强烈、持久，带给人的痛苦更大。抑郁除包括悲伤外，还合并产生痛苦、愤怒、自罪感、羞愧等情绪，这种复合性是导致更强烈负性体验及长期持续的原因。

大学生抑郁情绪表现为强烈而持久的悲伤、忧虑，情绪低落，心境悲观冷漠。在自我认识评价方面表现为自我评价低，自卑，认为自己没有用处，生活毫无意义，未来没有希望，常自我责备甚至谴责，可有自罪感；在生活方面，表现出对生活缺乏兴趣，没有喜欢或者主动想去做的事情，不愿与他人接近，回避社会生活。抑郁还伴有躯体方面的不适感觉，食欲下降，全身无力，失眠或者早醒。从外表上看，抑郁者面容忧虑，心事重重，常叹息或哭泣，言语动作迟缓。某些抑郁情绪患者仅仅表现为躯体不适，由于当事人不愿与人沟通，如果不加以关注，其消极的抑郁情绪体验可以不为外人所察觉。

需要注意的是，有抑郁表现或体验不一定就是抑郁症，正常人也可以出现抑郁情绪。一般来说，人们遇到不如意的事自然就会产生忧愁、苦恼、悲伤的情绪和表现。如遭遇学业挫折、情感挫折、亲人好友的逝去等，都会有抑郁情绪的产生。而抑郁症是一种常见的精神疾病，主要表现为情绪低落，兴趣减低，悲观，思维迟缓，缺乏主动性，自责自罪，饮食、睡眠差，担心自己患有各种疾病，感到全身多处不适，严重者可出现轻生念头和行为。

抑郁症严重威胁到人的身心健康。据世界卫生组织在其最新报告《疾病的全球负担》中指出，抑郁症是造成全球残疾类疾病的主要原因。要想摆脱抑郁情绪，第一，要积极交往，参加各种活动。处在抑郁情绪状态的大学生往往过分关注自己的内心体验，而缺少对外界事物和他人的关心。因此，摆脱抑郁最好的办法是让自己动起来，忙起来。要积极交往，改变孤僻、退缩的行为方式，主动与同学交谈，多关心帮助他人。同时积极参加各种集体活动，融入集体的愉快气氛中。多参加一些体育活动，通过运动改善自己的心情。第二，要改善认知，反思引起抑郁的因素是否合理，努力朝着有建设性的积极方向思索，可以安排比较愉快的事情转移注意力。第三，要善待自己，热爱生活。享受生活是一种摆脱抑郁的良方，如吃顿美食、听音乐、逛街、旅游等。第四，要学会幽默，幽默能使生活充满情趣，活跃气氛，从而改善抑郁情绪。

（三）愤怒

愤怒是喜、怒、悲、恐四大原始情绪或基本情绪之一。它是由于客观事物与主观愿望相违背，或愿望不能实现并一再受挫时所产生的激烈情绪反应。

处于情感丰富、精力充沛、血气方刚的青年时期的大学生，在情绪发展上往往容易产生好激动、易动怒的特点。例如，有的大学生因一句刺耳的话或一件不顺心的小事而暴跳如雷；有的因人际协调受阻而怒不可遏、恶语伤人；有的因别人的观点或意见与自己相左而恼羞成怒；有的因一时的成功、得意而忘乎所以；有的因暂时的挫折或失败而悲观失望，痛不欲生。如此种种，遇事缺乏冷静的分析与思考，图一时之快，逞一时之勇的好激动、易动怒的不良情绪特点，在一些大学生身上时有体现。古希腊学者毕达哥拉斯曾说："愤怒是以愚蠢开始，以后悔结束。"所以大学生对愤怒这种消极情绪的危害性要有清楚的认识。

要想有效地缓解冲动，克制愤怒，第一，要学会尊重人、宽容人，可以做一些积极的心理暗示，如心中默念："别生气，这不值得发火""发火是愚蠢的，解决不了任何问题"。第二，可以转移目标，当愤怒发生时，可以转移注意力或暂时离开现场，设法让自己冷静下来，给自己一点时间去反思自己的情绪状态，想一想如何适当地表达并解决问题。第三，要着眼未来，使之升华，变成成就事业的强大动力。

（四）嫉妒

嫉妒是指他人在某些方面胜过自己引起的不快甚至是痛苦的情绪体验。嫉妒是一种复杂的情绪体验，是个体自尊心的一种异常表现。在日常生活中，嫉妒的存在是很普遍的。英国科学家培根说："在人类的一切情欲中，嫉妒之情恐怕要算作最顽强、最持久了。"当看到别人比自己强时，心里就酸溜溜的不是滋味，于是就产生一种包含着憎恶与羡慕、愤怒与怨恨、猜嫌与失望、屈辱与虚荣以及伤心与悲痛的复杂情感，这种情感就是嫉妒。嫉妒者不能容忍别人超过自己，害怕别人得到自己无法得到的名誉、地位等，在他看来，自己办不到的事别人也不要办成，自己得不到的东西，别人也不要得到。

嫉妒在大学生中普遍存在。具体表现为当看到他人学识能力、品行荣誉，甚至穿着打扮超过自己时内心产生的不平、痛苦、愤怒等感觉；当别人身陷不幸或处于困境时则幸灾乐祸，甚至落井下石，在人后恶语中伤、诽谤。第一，嫉妒心强的大学生容易得心身疾病。长期处于不良的情绪状态中，产生压抑感，容易引起忧愁、消沉、怀疑、痛苦、自卑等消极情绪，会严重损害身心健康。第二，嫉妒心强会影响大学生自我发展，降低学习的效率。第三，嫉妒心强的大学生结交不到知心朋友。嫉妒心强的人往往事事好胜，常想方设法阻止别人的发展，总想压倒别人。这可能使同学们想躲开他，不愿与他交往，从而给自己造成一个不良的人际关系氛围，会感到孤独、寂寞。

如何克制住自己的嫉妒情绪呢？第一，要用积极的方法，取他人之长，向对方学习，奋发向上，在自己的努力中逐步打消嫉妒的念头。第二，要磨炼意志，时常自我反省。第三，要以豁达的态度看待一切，舍弃无用的意念，尽量使自己面对现实。最后可以分析自己嫉妒别人的原因，思考是否值得去嫉妒，抛开自己的立场，客观地去观察。并且要仔细想一想，嫉妒别人，使他失去了什么？又使自己得到了什么？经过这样的比较分析，便会明白："与其嫉妒别人，不如完善自己。"

（五）冷漠

冷漠是指人对外界刺激缺乏相应的情感反应，对生活中的悲欢离合都无动于衷。具体表现为：凡事漠不关心、冷淡、退让的消极情绪体验。日本心理学家松原达哉教授形容此情绪状态的学生是无欲望、无关心、无气力的"三无"学生。

冷漠是压抑内心情感情绪的一种消极逃避反应。如有的大学生对周围的人和事漠不关心，对集体和同学态度冷淡，对自己的前途命运、国家大事等漠然置之，似乎自己已看破红尘、超凡脱俗。于是，把自己游离于社会群体之外，独来独往，对各种刺激无动于衷。从表面上看虽表现为平静、冷漠，但内心却往往有强烈的痛苦、孤寂和压抑感。如果大学生长时间处于这种情绪状态下，巨大的心理能量无法释放，超过了一定限度时，就会以排山倒海的形式爆发出来，致使心理平衡遭到破坏，影响身心健康。

冷漠是在个体不堪承受挫折压力，攻击行为无效或无法实施，又看不到改变境遇的情况下产生的。因此要克服冷漠最根本的是改变认知，发现生活的意义，发现自我的价值，改变长此以往形成的对人生消极的看法；从行为上，积极投身各种有意义的活动中，融入集体，进行积极的自我暗示与自我提升；正确认识自我与他人、个体与社会，并不断矫正自己的非理性观念。

# 第三节　大学生积极情绪的培养

## 一、提高情绪的觉察力

当一个人情绪起了变化的时候，注意力会放在引起情绪的事情上，无法跳出情绪困扰，经常在事后，才觉察到自己的情绪失控了，其实是否能控制自己的情绪关键在于自我觉察，通过觉察自己情绪产生的原因与变化，才能更清楚认识自己情绪的源头，从而控制消极的情绪，培养健康积极的情绪，如果一个人处在负面的情绪之中，而无法控制自己的情绪，就会遇上各种各样麻烦，最终可能导致身心失衡，如果我们遇上这种情绪变化时，应该怎么办？一种方法是可以采取情绪反刍的方法来认识自己的情绪，用一种情绪去联想更多的情绪状态，慢慢体会自己过去所体验到的各种情绪，这样可以使自己心态平和。另一种方法是寻根溯源。当你觉察自己的情绪时，如生气，那么就问问自己，为什么生气？为什么难过？如果是你的想法引起的不快，那就问问自己，有没有其他的方法替代？在生活中，要养成觉察情绪的好习惯，假如你被激怒了，心中充满了怒气，怀着敌意冲动时，你要觉察到它的存在，要保持理性，只有这样才会克服所有困难。[①]

## （一）合理情绪疗法的基本理论

大学生的知识面比较广，认识水平也高，所涉及的心理困扰多与不合理认知有关。因此，认知方法对大学生的情绪觉察与调节特别适用。合理情绪疗法是20世纪50年代由美国心理学家艾利斯在美国创立的，它是认知疗法的一种，因为采用了行为治疗的一些方法，故又被称为认知行为疗法。

合理情绪疗法的基本理论主要是ABC理论，艾利斯认为，人的情绪不是由某一诱发性事件的本身所引起，而是由经历了这一事件的人对这一事件的解释和评价所引起的。这就成为ABC理论的基本观点。在ABC理论模式中，A是指诱发性事件；B是指个体在遇到诱发事件之后相应而生的信念，即他对这一事件的看法、解释和评价；C是指特定情景下，个体的情绪及行为的结果。通常人们会认为，人的情绪的行为反应是直接由诱发性事件A引起的，即A

---

①胡晴.大学生情绪管理能力与主观幸福感关系的研究[D].南充：西华师范大学,2016.

引起了 C。ABC 理论则指出，诱发性事件 A 只是引起情绪及行为反应的间接原因，而人们对诱发性事件所持的信念、看法、解释 B 才是引起人的情绪及行为反应的更直接的原因。

例如，两个人一起在街上闲逛，迎面碰到他们的领导，但对方没有与他们招呼，径直走过去了。这两个人中的一个对此是这样想的："他可能正在想别的事情，没有注意到我们。即使是看到我们而没理睬，也可能有什么特殊的原因。"而另一个人却可能有不同的想法："是不是上次顶撞了他一句，他就故意不理我了，下一步可能就要故意找我的碴儿了。"

两种不同的想法就会导致两种不同的情绪和行为反应。前者可能觉得无所谓，该干什么仍继续干自己的；而后者可能忧心忡忡，以至无法冷静下来干好自己的工作。从这个简单的例子中可以看出，人的情绪及行为反应与人们对事物的想法、看法有直接关系。在这些想法和看法背后，有着人们对一类事物的共同看法，这就是信念。这两个人的信念，前者在合理情绪疗法中称为合理的信念，而后者则称为不合理的信念。

（二）不合理信念的主要特征

合理的信念会引起人们对事物适当、适度的情绪和行为反应；而不合理的信念则相反，往往会导致不适当的情绪和行为反应。当人们坚持某些不合理的信念，长期处于不良的情绪状态之中时，最终将导致情绪障碍的产生。韦斯勒经过归纳研究，总结出不合理信念的几个特征。

## 1.绝对化要求

是指人们以自己的意愿为出发点，对某一事物怀有认为其必定会发生或不会发生的信念，它通常与"必须""应该"这类字眼连在一起。比如："我必须获得成功""别人必须很好地对待我""生活应该是很容易的"，等等。

## 2.过分概括化

这是一种以偏概全、以一概十的不合理思维方式的表现。艾利斯曾说过，过分概括化是不合逻辑的，就好像以一本书的封面来判定其内容的好坏一样。过分概括化的一个方面是人们对其自身的不合理的评价。以自己做的某一件事或某几件事的结果来评价自己整个人、评价自己作为人的价值，其结果常常会导致自责自罪、自卑自弃的心理及焦虑和抑郁情绪的产生。过分概括化的另一个方面是对他人的不合理评价，即别人稍有差错就认为他很坏、一无是处等，这会导致一味地责备他人，以致产生敌意和愤怒等情绪。

## 3.糟糕至极

这是一种认为如果一件不好的事发生了，将是非常可怕、非常糟糕，甚至是一场灾难的想法。这将导致个体陷入极端不良的情绪体验，如耻辱、自责自罪、焦虑、悲观、抑郁的恶性循环之中，而难以自拔。糟糕就是不好、坏事了的意思。当一个人讲什么事情都糟透了、糟极了的时候，对他来说往往意味着碰到的是最坏的事情，是一种灭顶之灾。

在人们不合理的信念中，往往都可以找到上述三种特征。每个人都会或多或少地具有不合理的思维与信念，而那些有严重情绪障碍的人，这种不合理思维的倾向尤为明显。情绪障碍一旦形成，往往是难以自拔的，此时就急需进行治疗。

（三）大学生群体常有的不合理信念

1.想得到周围所有人的认同、赞许和喜爱

文斌是班级的生活委员，平时兢兢业业地为大家做事情，为了让班级的每一个同学都认同自己，几乎做到对同学的要求有求必应，例如帮同学写论文、替同学查成绩、陪胆小的女同学去银行取钱，等等。时间久了，文斌感到身心疲惫，而同学们对文斌的默默付出却习以为常，稍有某件事情做得不合自己的心意，就对他横加指责。文斌实在想不通，为什么想让每个人都满意，而结果却恰恰相反？做一件事情，如果我们说满分是100分的话，就算你做到了120分的努力，也不可能得到所有人的认同；如果坚持"得到所有人的认同"这样的信念，虽然你可能会历尽千辛万苦、委曲求全来讨好他人，以获得每个人的欣赏，但结果仍然不一定会如你所愿，你必定会感到失望、沮丧和受挫。

2.祈求事事永远成功、成就感伴随每时每刻

其实，这个目标根本是无法达到的。虽然我们相信在人生中"没有付出努力就没有回报"，但是我们不要期望"付出努力就一定会有回报"。例如，你没有拿到奖学金，是因为你没有勤奋学习；但是就算你非常勤奋地学习了，也不能保证自己必定就能拿奖学金。有句俗语说得好，"人生不如意，十之八九"。因此，如果一个人坚守这种不合理信念，便会因为永远无法实现目标而徒自悲伤。

3.当面对困难和问题时,选择逃避的方法

例如,由于担心考不出好成绩,便去申请缓考;由于与男朋友分手很痛苦,便希望这件事情从来没有发生过……这种信念是不合理的,因为逃避的办法虽然可暂时缓和矛盾,但因问题始终存在而并未得到及时的解决,时间一长,问题恶化,会使问题更加难以解决,最终将导致更加严重的情绪困扰。

4.一个人应该关心他人的问题,并为他人的问题而悲伤难过

这个信念如果把握不好一个"适度"的标准,就会成为一个不合理的信念。我们每个人都是生活中的平凡人,都有着自己的喜怒哀乐,都有着自身存在的问题。关心他人,富于同情心,这本是有爱心的表现,但如果过分投入他人的事情,而忽视了解决自身存在的问题,就会调适不好自己的情绪,导致自己心理失衡,更加没能力去帮助他人解决问题。因此,一个人应该先学会爱惜自己,一个懂得爱惜自己的人才会更有能力去爱别人。

5.沉溺于个人以往的不幸经历

例如,因为过去受到男友的欺骗,从此"一朝被蛇咬,十年怕井绳",再也不敢去结交新的男孩子;因为家境贫困,所以一直就在抱怨老天对自己的不公平……西方有句谚语说得好"不要为打翻的牛奶而哭泣",时间不会重来,过去的事实虽不可改变,但人可以改变对事件的看法,人们仍然可以控制、改变以后的生活。

6.对人生的每一个问题都应找到一个唯一正确的答案

这是不可能实现的，因为人生是个复杂的历程，如果坚持找寻人生中完美的答案，就会痛苦一生。

不同的人对同一件事情会有不同的态度。乐观的人与悲观的人对事情的看法是截然不同的。一个悲观的人在每一个机会中都能看到困难，一个乐观的人在每个困难中都能找到机会。在现实生活中，有人会因为失败而自暴自弃，也有人会因为战胜失败而成就一番更大的事业；有人会因为困难巨大而选择退缩，也有人会因为挑战困难而使自己成为强者；有人会被激烈的竞争压力击垮，有人却把压力转化为动力，从而进一步提高自己的才能，完善自己的人格。事物的本身并不影响人，人们只受对事物看法的影响。

合理情绪疗法认为，人们的情绪障碍是由人们的不合理信念所造成，因此简要地说，这种疗法就是要以理性治疗非理性，帮助求治者以合理的思维方式代替不合理的思维方式，以合理的信念代替不合理的信念，从而最大限度地减少不合理的信念给情绪带来的不良影响，通过以改变认知为主的治疗方式，来帮助求治者减少或消除他们已有的情绪障碍。

## 二、培养情绪的控制力

大学生在感受负性情绪时，出现比较多的是从认识上加以忽视和从行为上加以抑制，在感受正性情绪时出现比较多的是从认识上加以重视和从行为上给予宣泄，说明人们对负性情绪具有减弱倾向，对正性情绪具有增强倾向。给不良情绪找个出口，增加积极情绪体验，对情绪保持适当的控制，是保持良好心态的重要保证。

## （一）认知调控法

情绪反应产生于主体认识到刺激的意义和价值之后，对同一刺激，不同的评价将会引起不同的情绪反应。所以可以用调整、改变认知的方法调控情绪反应和行为。例如，之所以出现考试紧张，是因为我们认识到考试很重要，考不好会被人看不起，担心不及格、补考等可怕的后果。这时我们可以自我言语暗示自己放松紧张情绪，如果认识到考差一点关系不大，紧张情绪就会缓解。

可见，认知调控方法是指当个人出现不适度、不恰当的情绪反应时，理智地分析和评价所处的情境，分析形势，理清思路，冷静地作出应对。认知调控的关键是控制与即时情绪反应同时出现的认知和想象。例如，当人非常愤怒时，常会作出过激行为，如果此时能够告诫自己冷静分析一下动怒的原因、可能的解决办法，可使过分的反应平静，找到恰当的方式解决问题。

认知调控方法在实际应用时可分为以下两步：第一，分析刺激的性质与程度。人类情绪反应是进化选择的结果，有利于种族的生存与发展，是驱动我们应付环境、即刻反应的本能冲动。虽然伴有认知过程和结果，但即刻的认知往往笼统、模糊，其诱发的反应往往强烈。冷静分析问题所在，可以及时调控过度的情绪反应。第二，寻找多种解决问题的方案，比较选择后择优而行。情绪引发的即刻反应往往是冲动性本能反应，有时可以帮助我们脱离险境，如室内失火时夺门而出以避险；有时则会导致灾难性后果，如高层建筑失火时从窗户往下跳。很多问题都有多种可能的解决方案，寻找最佳方法至关重要，而冷静思考是前提。

认知调控方法的原理在于认知对情绪有整合作用。认知和情绪分属于大脑不同部位控制，控制情绪的大脑是较原始的部分，控制认知的大脑是在情绪中枢之上发展起来的新皮质部分。大脑控制的情绪反应速度快，但内容较原始；皮质控制的认知反应稍迟于情绪反应，但其内容更显理智，能够整合情绪反应。

## （二）情绪宣泄法

情绪宣泄方法是指在青年人处于较激烈的情绪状态时，允许青年人直接或者间接表达其情绪体验与反应。简而言之，即高兴就笑，伤心就哭，"男儿有泪不轻弹"不符合情绪调控的宣泄方法，不值得提倡。坦率地表达内心强烈的情绪，如愤怒、苦闷、抑郁等情绪，心情会舒畅些，压力会小些，与情绪体验同步产生的生理改变将较快地恢复正常。所以，为了心理健康，该哭就哭吧。

情绪宣泄方法可以分为直接宣泄法与间接宣泄法。直接宣泄法是在刺激引发情绪反应之后，即时表达自己的内心感受，如遭遇到不公平对待，可以马上提出来；被人伤害后，直接告诉对方自己很生气，要求赔礼道歉。间接宣泄法是在脱离引发强烈情绪的情境之后，向与情境无关的人表达当时的内心感受，发泄自己的愤怒、悲痛等体验。例如，在受到欺侮后，向家人或能够主持公道的人倾诉，以平息激烈的情绪活动。情绪宣泄方法也有"度"的问题，不能把合理的情绪宣泄理解为激烈的情绪发泄。情绪发泄是指在激情状态下，由于自我控制能力不强，以暴力或其他不恰当的方式发泄情绪，其后果往往很严重，不利于问题的解决，反而会引发新的问题。如青年人之间发生矛盾，可能会出手打架伤人，即时的痛快招来即时的悔恨。所以情绪宣泄原则和方法都强调其合理性，而不是一味地发泄情绪。

### （三）活动转移法

活动转移方法是指在处于情绪困境时，暂时将问题放下，从事所喜爱的活动以转变情绪体验的性质，达到调控情绪的目的。事实证明，音乐是调控情绪的最佳方式之一。欢快有力的节奏使情绪消沉者振奋，轻松优美的旋律让紧张不安者松弛，青年人可以学习乐器和音乐创作，把内心的体验转化成心灵的旋律，并从中体验成功。

体育活动也是转移调控情绪的良好方法。当情绪状态不佳时，游山玩水、打球下棋都是极好的情绪调控手段。体育活动既可以松弛紧张情绪，又可以消耗体力，使消沉者活跃、激愤者平静，实现平衡情绪的目的。

活动转移方法按其转移的方向可分为两类：一是消极转移，二是积极转移。消极转移是指情绪不佳时，转而去吸烟、酗酒，自暴自弃。这是青年人应该努力避免的转移方向。积极转移是指把时间、精力从消极情绪体验中转向有利于个人和人类幸福及未来发展的方向上，如勤奋学习、从事研究。积极转移方法是青年人调控情绪努力的方向。

活动转移方法之所以有效，其原因有三：一是新的活动是青年人所喜爱的，从事该类活动，青年人马上可以感受愉悦；二是新的活动成功有利于帮助青年寻找自我价值所在，重获自尊；三是每个人的时间、精力都有一个限度，用于一件事多些，那么用于第二件事自然就少些，无暇再深刻体验负性情绪。

### （四）放松训练法

放松训练又称为松弛反应训练，是一种通过肌体的主动放松来增强人对自我情绪控制能力的有效方法。它的基本原理是通过训练放松所产生的躯体反应，如减轻肌肉紧张、减慢呼吸节律和心率等，达到缓解焦虑情绪的目的。

具体的操作步骤如下（此方法最好是在老师的指导下进行）：

在一个较为安静的环境中，舒适地坐（或仰卧）在沙发上或躺在床上。

步骤一：让自己初步体验肌肉的紧张。操作要领：①伸直并绷紧双臂，握拳；②绷紧双臂肌肉，握紧双拳，用力，并保持数秒钟；③放松双臂，松拳，放松休息数分钟。

步骤二：在上一步骤的基础上进一步绷紧肌肉。操作要领：①伸直双臂，握拳；②伸直并绷紧双腿，双脚脚尖内勾，呈倒钩式；③上述各部位肌肉同时用力，并保持数秒钟；④放松上述各部位的肌肉，放松休息数分钟。

步骤三：在前两个步骤的基础上达到全身肌肉的紧张。操作要领：①伸直双臂，握拳；②伸直并绷紧双腿，双脚脚尖内勾，同时紧皱前额部肌肉，紧耸眉头，紧闭双眼，皱起鼻子和脸颊，咬紧牙关，紧收下颚，紧闭双唇，紧绷两腮，挺直脖子，胸部、腹部肌肉绷紧，躯干用力挺起；③全身各部分用力绷紧，并保持数秒钟；④放松上述各部的肌肉，放松休息数分钟。

步骤四：在全身肌肉紧张的前提下，配合呼吸，加强对紧张的体验。操作要领：①深吸一口气（用腹式呼吸），憋住气；②伸直双臂，握拳，头向后梗，伸直并绷紧双腿，双脚脚尖内勾，胸部、腹部肌肉绷紧；③屏住呼吸，全身各部分用力绷紧并保持，直至身体和呼吸的最后极限；④放松呼吸，并放松上述各部的肌肉。

步骤五：紧接步骤四，指导语暗示全身的肌肉、呼吸乃至身心放松。操作要领：①肌肉放松指导语：头部肌肉放松，面部肌肉放松，脖子放松，双肩放松，双臂放松，双手放松，手指放松，腮帮放松，腹部放松，双腿放松，双脚放松，脚趾放松；②呼吸放松指导语：呼吸在放慢，变得越来越慢、越来越深、越来越沉；③身心放松指导语：你会感到身体变得很沉、很重，全身感到越来越沉、越来越重，感到全身很累、很疲倦，好像有一种昏昏欲睡的感觉，自己什么都不去想、什么都不愿意想，感到心情很放松。

步骤六：让自己体验此时此地的放松感受。

放松训练结束。

### （五）音乐调节法

对有烦恼的大学生来说，学会欣赏音乐，不但可以改善自己不好的心情与态度，还会提高自己的艺术修养、陶冶自己的情操。

历史上曾经有过韩信用"四面楚歌"瓦解项羽部队的佳话。国外有许多研究资料证明，不同情绪状态可选用不同乐曲，能起到改变情绪与环境的作用。如：

忧郁时，可选用莫扎特的《第40交响曲》（G小调）、格什文的《蓝色狂想曲》等；

急躁时，可选用亨德尔的组曲《焰火音乐》等；

烦恼时，不妨选用贝多芬的《第五交响曲》（C小调）第一乐章等。

当然，音乐调节的效果，还要受各人文化素养的制约。不同的个体因不同的个性特点、心情、时间和场合而对乐曲有所选择。如：节奏感强的乐曲适合忧郁、好静、少动的人；旋律优美的乐曲适合兴奋、多动、焦虑不安的人。总之，当你有心理烦恼时，听一首你喜爱的音乐，会对你的心情起放松和愉悦的作用。

### （六）寻求帮助法

青年人陷入较严重的情绪障碍时，有必要向社会支持系统寻求帮助。每个青年人都应该建立自己的社会支持系统，有能够在心理方面给予自己支持、帮助的社会网络，如亲人、朋友，或者是专业的社会工作者、心理医生。社会支持系统的存在有多方面的意义：第一，倾诉的对象，苦恼的人将苦恼向他人倾诉之后，会有轻松解脱的感觉，青年人应该经常利用这种情绪调控手段。第二，提供新的看问题的视角和思路，帮助当事人走出个人习惯的思维模式，重新评价困境，寻找新的出路。第三，社会工作者和心理医生可以提供专业意见、建议，运用心理学手段和方法帮助青年人更有效地解除情绪障碍。

# 第四章　大学生学习成才

## 第一节　大学生学习心理概述

学习永远是学生生活的主旋律，大学阶段的学习一方面由于学习任务的难度、高度、深度增强和数量增加，另一方面也由于进入了专业学习阶段，客观上要求学生在学习策略和方法等方面都要有所转变，再加上高校对大学生综合素质和学习能力的要求提高，以及考试、考研、就业等竞争压力，反而使学习压力实质上有所增加。由于这些特殊的学习压力，部分大学生可能出现一些心理健康问题，包括厌学、对所学专业不感兴趣、考试焦虑、学习竞争带来的心理压力、学习动机问题、学习定位迷惑、学习无力感的体验、自卑、学习强迫症等。

### 一、学习的含义

#### （一）学习的定义

从学习心理学的研究历史来看，不同时期对学习的理解是不同的。比如早期联想主义学派认为学习是形成观念间的联想，联结派认为学习即形成刺激与反应之间的联结，认知派主张学习即形成和改变认知结构。在我国古代文献中早就有"学习"一词，孔子说："学而时习之，不亦乐乎?"又说:"学而不思则罔,思而不学则殆。"古代儒家的学习观点,在一定程度上揭示了学习与练习、学习与情感、学习与思维的关系。但长期以来,人们对学习仍无一个统一的概念。[①]

一般来说,学习有广义和狭义之分。广义的学习是指人和动物在生活过程中通过实践或训练而获得经验,并由经验引起比较持久的心理和行为变化的过程。也就是说,无论动物还是人,凡是通过行为方式和心理改变适应新条件、新环境的过程都被称为学习。而这种改变是由经验获得而引起的,不包括由于成熟、疲劳、受伤或用药等引起的改变。尽管人与动物都存在学习,但人的学习是一个特殊的过程,它与动物的学习相比有着显著的差别。狭义的学习是指人对客观现实的认识过程,是指学生按照一定的学习目标,有组织地、系统地掌握知识、技能和行为规范,发展能力的活动。

(二)学习的特征

1.学习是个体对环境的一种适应活动

所谓环境,是指与个体发生物质和能量交换的外部条件。所谓适应,心理学上是指个体对环境变化所作出的反应。学习作为个体对环境的一种适应活动,就生物学意义来说,是个体对环境变化所作出的一种应答。

2.学习是经验的获得并通过相应的行为变化来体现

学习作为心理适应过程,是经验的获得,并引起相应的行为变化。所谓经验,乃是主体对客观现实的反映,并

_____

①董耘.大学生学习心理研究[M].北京:中国人口出版社,2015.

非主观自生的东西。因此，经验的获得总是在主客体的相互作用过程中发生的。客观现实的作用与主体的反映动作，乃是经验得以发生的前提，而经验本身则是主体活动的主观产物，是主体的反映动作作用于对象的产物。

3. 学习的实质是心理结构的构建过程

基于以上分析，学习作为个体的一种适应活动，其实质是：在主客体相互作用的过程中，在反映客观现实的基础上，通过主体一系列的反映动作，在内部构建起调节行为的心理结构的过程。由于心理结构作为行为的调节机制而存在，因而心理结构的变化必将导致行为的变化。而行为的生物学意义在于个体适应环境的变化，与环境保持灵活的动态平衡。由此不难得出学习的定义：它是个体以心理变化适应环境变化的过程，即个体经验的获得和累积或心理结构的构建过程。

## 二、大学生学习的基本特点

### （一）学习的自主性

在大学阶段，学习虽然也有一定的强制性，但较中小学要少得多。第一，大多数大学生的所学专业是自愿选择的，是大学生自身感兴趣的。第二，大学生除了要学习基础知识外，还要掌握各种专门知识，成为某学科的专门人才。这就要求大学生必须善于自觉地、主动地学习。同时，大学生根据自己的兴趣和爱好，选择某些选修课，独立阅读各种书籍，制订学习计划，采用适合自己的有效的学习方法，也体现出较大的自主性。

## （二）内容的专业性

大学学习的专业性十分明显。大学生的学习实际上是专业学习，从入学开始就有了职业定向，再经过几年的学习，大学生逐步成为基础知识扎实、专业知识结构合理、能力强、品行高尚的全面发展的高级专门人才。

## （三）形式的多样性

大学生的学习形式多种多样。在大学阶段，虽然还是以课堂教学为主要形式，但大学生可以依靠多种渠道来获得知识，同时大学的实践性教学活动占有很大的比重。因而要通过自学、讨论、听学术讲座、参加第二课堂等活动来获取知识，加强实验、实习、社会实践和科研等实践性的环节，这些都是大学增长知识和才干的重要途径。

## （四）过程的探索性

大学生的学习具有明显的探索和研究的性质。大学的教学内容由确定结论的论述逐步转向介绍各派理论观点和最新学术发展动向方面的知识。人文学科的内容变化更大，知识更新更快。这就要求大学生的学习观念从正确再现教学内容向汇集百家之长、形成个人见解的方向转变。大学生从完成教师指导作业到独立完成毕业论文（或毕业设计），都带有明显的探索的性质。

## （五）评价的多元性

由于现代社会对人才的需求更倾向于复合型人才，因此在大学阶段对大学生学习的评价一定要抛弃唯成绩论、唯结果论。不能仅仅是对学生的考试分数的单一评价，还要结合学生平时的学习习惯、学习自律性、科研能力、动手能力、发散思维及创新性等，对学生进行综合评价。只有建立多元的评价体系，才能引导学生在日常学习中注重发展科研能力、动手能力，重视创新思维，不再"死读书，读死书"。

### 三、学习对大学生心理健康的影响

学习是现代人赖以生存的必要条件，它能促进人的全面发展和提高。大学生更是如此。学生以学为本，学习是大学生的第一位任务。学习对心理健康有益，这是肯定的，但是如何对待学习、怎样学习、学习什么、学习多少、方法方式是否适当，会对大学生心理产生不同性质、不同程度的影响。这种影响可分为积极影响和消极影响两类。

#### （一）学习对大学生心理健康的积极影响

##### 1.学习能够开发大学生的智力和潜能

有人曾说过，即使是一个成功的人，也至少还有十分之九的潜力没有发挥和挖掘出来。每个人都有与生俱来的智力和潜能。但是这些智能只有通过学习才能得以发挥，并进一步开发。作为一个大学生，应该把握大学好时光，努力学习，刻苦读书，在学习过程中利用、开发、提高自己的智力和潜能。

##### 2.学习能够提高大学生的各种能力

能力是人们在一定智力水平基础上，运用掌握的知识，通过实践顺利完成某种任务的活动获得能力。随着社会的发展，对大学生的能力要求越来越高，大学生要具备社会需要的各种能力，必须加强学习。如自学能力、动手操作能力、创新能力、语言表达能力、组织协调能力，这些都是通过学习获得的，只有通过学习，能力才能提高。

### 3.学习能带来满足和快乐

一个善于学习、乐于工作的人，把学习和工作当作自己的所爱，能从中获得幸福感和愉悦感。大学生通过努力学习取得一定成绩，同时会得到学校和同学们的认可，并获得荣誉和赞扬。同时自己会发现，一分耕耘会有一分收获，真正体会到自己的价值和自尊。以学习为乐，有助于促进心理健康的发展。

### 4.学习能使心理健康的水平不断提高

心理健康不是一蹴而就的，它需要不断的学习和实践。只有真正掌握心理学的有关知识和理论，才能提高自己的心理发展水平。只有不断加强学习，才能提高自己的心理健康状态。

### （二）学习对大学生心理健康的消极影响

由于学习是一项艰苦的脑力劳动，需要消耗大量的心理、生理能量，因此会带来一些消极的、不良的影响。如学习压力过大，学习负担过重，使学生产生紧张和焦虑；学习的内容不健康易造成心理上的污染，使一些学生受害；学习难度过大，会使一些学生产生畏难情绪，对自己失去信心；学习方式方法不当，容易产生自卑、厌学和逃学，对身心造成危害。这些方面都会对心理状况产生消极的影响，应该引起重视。

## 四、影响学习的心理机制

### （一）动机

动机是指由特定需要引起的，想要满足各种需要的特殊心理状态和意愿。动机表现为人的动力倾向，学习动机影响着学习行为的发端、方向、强度和持续性。所以，以学习动机为中介，能够强化学习者和学习行为之间的联结。

学习动机是指激发、定向和维持学习行为的心理过程。学习动机是直接推动人们进行学习的直接原因和内部动力。学习动机支配了学习者的学习行为，说明了学习者想要学习的愿望、乐意学习的内容及学习努力的程度。

学习动机的作用：①学习动机能够激发适当的学习行为。学习动机促使学习者进入学习状态，自觉主动地进行各种学习活动。②学习动机能够为学习行为定向。学习动机促使学习者有选择地进行各种学习活动，使学习活动指向特定的学习目标。③学习动机能够维持学习行为。学习动机促使学习者在学习目标达到之前保持学习活动的强度，克服学习过程中的各种困难。学习动机的水平越高，学习者的努力程度越大，持续时间越长。④学习动机影响学习效率。一般认为，学习动机的强度越高，学习积极性也越高，对学习活动的影响越大，学习效率会越高；反之，动机的强度越低，则学习的效率也越低。然而事实并非都如此。心理学家的研究指出，动机强度与学习效率间并不是线性的关系，而是呈倒 U 形曲线关系。也就是说，学习动机强度有一个最佳水平，即动机水平适中，此时的学习效率最高，一旦超过顶峰状态，动机程度过强时就会对学习效率产生一定的阻碍作用。因为动机水平过强时，学生处于过度焦虑和紧张的状态。例如，在考试时，学生获得好成绩的动机过分强烈，导致精神十分紧张，干扰了记忆和思维的过程，连自己本来十分熟悉的问题都回答不出。当然，如果动机水平过低，学生缺乏学习的积极性，也不会有高效率的学习活动。

## （二）记忆

记忆是人类大脑的产物，是人脑对信息的识记、保持、再现或再认。在人的学习过程中，记忆是学习能够发生和完成的基本机能。从信息加工论的观点来说，学习的过程是对外界信息获取、储存、提取的过程，而记忆过程本身就是对信息的获取、储存、提取的过程。所以，学习的效果必须依赖于机体记忆的水平。

记忆是会被遗忘的。遗忘是一种正常、合理的心理现象，遵循先快后慢的艾宾浩斯遗忘曲线规律。所以提高记忆水平根本上是减少遗忘的发生。第一，可以采用重复记忆的方法，在遗忘大量发生前，对已学过的内容进行重复学习，在一定程度上就降低了遗忘发生的程度。第二，采用意义记忆的方法，将后学知识和先学知识加以联结，以及将新学知识和识记者原有的认知结构相联结，降低遗忘发生的程度。

## （三）意志

意志是指人们自觉地克服困难，实现预定目标的心理过程。意志力是引导和促进大学生学习、成长的一种内驱力。学习意志力指个体为完成学习任务而持续克服困难的能力，通常以学习者每次学习活动所持续的时间长短为标志。

拥有良好的意志品质，如自觉性、果断性、坚持性、自制性，这样的学生在学业上会取得巨大成就。相反，如果受到不良的意志品质，如暗示性和独断性、优柔寡断和草率、顽固执拗和半途而废、任性和怯懦等的影响，会严重降低大学生的学习效果，甚至让学生一事无成。

## （四）兴趣

兴趣是人认识某种事物或从事某种活动的心理倾向，它是以认识和探索外界事物的需要为基础的，是推动人认识事物、探索真理的重要动机。学习兴趣是指一个人对学习的一种积极认识倾向与情绪状态。学习兴趣大体上可以分为直接学习兴趣与间接学习兴趣两种。前者是由所学材料或学习活动——学习过程本身直接引起的，后者是由学习活动的结果引起的。

关于个人兴趣对学生学业成就的影响，德国心理学家施良等人对一系列的研究结果所进行的元分析表明，兴趣和成就之间的相关，接近30%。兴趣一方面改善学习过程，另一方面改变学习结果，形成质与量上更优越的学习。以兴趣为基础的学习的结果与仅仅以努力为基础的学习的结果有质的不同。

## （五）情感

情感是人对客观事物是否满足自己的需要而产生的态度体验。在学习活动中，情感虽不起直接作用，但间接作用十分明显。孔子说："知之者不如好之者，好之者不如乐之者。"可见，情感对学生学习会产生影响。情感对学习的影响表现为：第一，在学生对学习任务的选择上，也就是说情感能够影响一个人对客体选择的倾向。如当学生学习时会把更多的时间和精力放在有好感的学科上，在上课时会在有兴趣的内容上集中更多的注意力。第二，情感能够提高学生的学习积极性，即情感具有内在的动机力量，对学生的学习活动具有增力或减力的作用。第三，情感能够优化学生对学习操作活动的组织和瓦解，这是因为情感是各种非智力因素中一个直接影响智力因素的心理因素，它能直接打开非智力因素和智力因素之间的通道，对学生的认知操作活动施以直接的影响。第四，情感有助于提高或降低学生对教师教学行为的接受程度。如学生对教师的言行持积极情感，就会自觉将其内化，并自愿接受学习任务，反之，则会拒绝或不愿接受学习任务。

# 第二节　大学生学习心理问题及调适

随着学习生活由基础教育向高等教育转变，发展方向由升学为主向就业为主转变，部分大学生在学习策略、学习方式和学习方法等方面必然会面临新的情境，产生新的问题。每个人都会遇到不同的学习心理问题，而这正是成长的烦恼之一。如何面对和解决这些问题才是真正的问题。大学生只有解决好学习心理问题，才能不断提高学习效率，成为具有创新精神和实践能力的高素质人才。

## 一、学习适应不良及调适

大学生的学习往往存在这样一种现象，一些智商高的学生，学习成绩一般，甚至较差；而一些智商一般的学生，学习成绩却很好。究其原因，就在于学生是否能适应大学的学习方法及心理是否健康。

### （一）适应不良的表现

学习适应不良是大学新生中普遍存在的一种心理困惑，对新生会造成不同程度的影响。其具体表现有：①对学习缺乏应有的兴趣、紧迫感和自觉性。②学习缺乏独立性，习惯于中学时的学习方法，由教师安排自身的学习内容、学习计划和学习时间等，对教师的依赖性较强。③不理解大学的学习特点和规律，不知道如何有效地开展学习活动。④学习中精力投入不足，对本专业的知识、技能、要求认识不足，不知道怎样建立专业的知识结构、培养专业技能，学习带有盲目性。[①]

## （二）产生学习适应不良的主要原因

一般而言，大学生产生学习适应不良的原因有以下两个方面：①与中学对比，大学教学在特点、方式和内容上有很大的不同。大学教师一堂课讲授的内容多，有时会与教科书上有很大出入，教学方法也与中学有差别，这些会给心理素质尚未成熟的大学生带来情绪上的波动和不安，以至于影响学习。②大学生心理发展不成熟，由于缺乏生活阅历，在客观环境发生变化时，明显地暴露出适应能力差，不能随着环境的变化及时调整自己，以至于影响学习。

## （三）学习适应不良的调适

当大学生出现学习适应不良的情况时，应该做到：①随着外界环境的变化，不断地调整自己的位置，使自己的需求和发展与社会的需求和发展相一致；②面对过去优势的不复存在，要克服自卑心理，培养自信心。

## 二、学习动机缺乏及调适

学习动机是指直接推动学生进行学习的一种内部动力，是激励和指引学生进行学习的一种推动力量。学习动

---

[①]丁瑞兆，等.当代大学生学习心理研究[M].北京:现代教育出版社，2015.

机缺乏主要表现在以下几个方面：①缺乏学习动力，没有求知欲望，不愿意上课，学习没有目标；②缺乏正确的学习方法；③缺乏学习的自信心、自尊心；④情绪出现问题。当然，一个学生缺乏学习动机的表现远不止这四种，只要仔细观察就会发现其一些异常表现，如个别学生过着紧张有序的生活，在学生群体中如同一个局外人，这种状况如果任其发展下去，不但学业无法完成，也很容易让其心理沿着非健康的轨道发展下去。那么，学习动机缺乏是怎么产生的？又应该如何调适呢？

（一）产生的原因

学习动机的缺乏，既有社会、学校、家庭原因，也有个人原因。社会原因是知识和经济回报不完全成正比，"读书无用论"还依然存在。学校原因是部分高校纪律涣散、学风不正，专业和课程设置不合理，管理僵化、死板。家庭原因则是由于家长强迫孩子按父母的意愿填报高考志愿，致使学生对专业不感兴趣，还包括家长在孩子上大学后放松了要求、降低了期望等。个人原因主要是缺乏社会责任感，注重自己现有的享受和愉悦；缺乏未来意识，对所学专业不感兴趣；缺乏毅力，意志不坚强，抵制不住诱惑等。

（二）如何调适

学习动机缺乏的调适，需要学生强化学习动机、培养学习兴趣、端正学习态度、改善学习的外部条件，创造良好的学习氛围，积极与学习好的同学交流学习方法等。

### 三、学习动机过强及调适

学习动机过强同样不利于学生的心理健康，主要有以下表现：①成就动机过强，急于成功、担心失败，给自己造成了很大的心理压力；②奖励动机过强，学习的目的只是为了获得奖励，以考试为中心，学习方式呆板；③学习强度过大，不善于劳逸结合，常常处于过度疲劳状态。那么，学习动机过强是怎么产生的？又应该如何调适呢？

## （一）产生的原因

学习动机过强，主要是大学生自身的内部因素造成的。包括：①个体学业期望过高，自尊心强，对自己的学习能力缺乏恰当的估计，因而造成学业自我效能感下降，因而心理压力大；②渴望学业成功而又担心学业失败，受表面的学业动机的驱使，渴望外在的奖励与肯定，特别是由于学业优秀带来的心理满足使学生更看重自己的学业优势，因而造成学习强度过大，引起心理疲劳。

## （二）如何调适

若发现自己学习动机过强，应从以下几个方面着手调适：①提高学习层次，正确面对奋斗目标；②正确认识自己外部的潜力，量力而行，制定合理的目标，脚踏实地，不好高骛远；③培养广泛的兴趣爱好，积极参加各类文化娱乐活动；④克服虚荣心理，学会调整情绪，保持旺盛的学习斗志。

## 四、注意力不集中及调适

注意力是心理活动对一定对象的指向和集中，具有指向性、选择性和集中性。注意力是人类学习的前提，没有注意力，就没有大学生的学习。注意力在大学生学习中具有极其重要的意义。大学生学习注意力不集中，主要表现在对学习的内容不感兴趣，造成课堂注意力不集中，缺乏学习目标，不知道如何去学习，不能很好地在学习的时候长时间集中注意力。

（一）产生的原因

注意力不集中，是大学生学习不良的主要问题，其主要原因包括：①由于青年时期发展任务多，因而导致压力与心理冲突加剧，特别是由于恋爱、性幻想等更容易引发注意力问题；②生活事件导致心理应激，如重要丧失、考试失败、家庭生活发生重大变故、经济困难、评优失败、失恋、宿舍关系失和等造成的思想负担重、精力分散；③学习动机不足，学习焦虑过低，缺少压力与紧迫感。

（二）如何调适

若发现自己注意力不集中，应从以下几个方面着手：①加强对学习内容和目的的理解；②制订明确的学习计划；③提高自身修养，转变和调控各种不良情绪；④培养抗干扰能力；⑤注意劳逸结合，松紧有度。

## 五、学习焦虑及调适

学习焦虑是指学生由于不能达到预期学习目标或不能克服学习上的各种困难，致使自尊心、自信心受挫，而形成的一种带有恐惧和紧张不安的精神状态。这种精神状态往往是在大学生面对各种学习上的矛盾和冲突时心理无法平衡造成的心理压力而形成的。可以把焦虑分为三种水平：低度焦虑、中度焦虑和高度焦虑。有研究发现，维持适度的焦虑水平可以增强学习活动的效果，但若焦虑过度则会对学习活动产生不利影响。

## （一）学习焦虑的表现

部分大学生存在着过度的学习焦虑情绪，具体表现为：①学习中心理压力太大，情绪压抑；②怀疑自己的学习能力，总担心自己学得不好，对可能取得的考试成绩顾虑重重，信心不足，忧虑过度，以至于寝食不安；③夸大学习中的困难，为此惶惶不安，焦虑万分。

## （二）学习焦虑的调适

第一，要做到身心如新、境界常新，每天都要活得与昨天不同，要勇于接受新观点、新思路。

第二，激发自己的学习兴趣，通过直接或间接的方式把目前的学习任务和潜在的兴趣联系起来。

第三，正确理解学习压力，把学习压力看作是一个挑战和动力。

## 六、学习心理疲劳及调适

学习心理疲劳表现为注意力不集中，思想迟钝，情绪躁动，精神萎靡不振，学习效率下降，错误增多，出现失眠等。学习疲劳可分为生理疲劳和心理疲劳两种。学习疲劳是一种保护性反应，经过适当的休息调节即可以恢复，对身心不会造成什么影响，这是合乎生理心理规律的。但如果长期处于疲劳状态，则会导致大脑兴奋和抑制过程失调，严重的还会导致神经衰弱。

### （一）学习疲劳产生的原因

造成大学生心理疲劳的原因是多方面的，包括：①学习活动中不注意用眼卫生；②学习内容单调，时间过长，缺乏劳逸结合；③学习的内容难度较大，学习过于紧张，使大脑神经持续处于高度紧张状态；④对学习缺乏兴趣、厌烦、畏惧；⑤由于受到其他因素的干扰，如家庭经济问题、思想问题等。

### （二）学习心理疲劳的调适

大学生可以通过以下方法进行学习心理疲劳的调适：①学会科学用脑；②劳逸结合，保证睡眠；③遵循人体生理节律；④培养学习兴趣；⑤创造良好的学习环境。

## 七、考试焦虑及调适

考试是一种复杂的智力劳动，是一种非常状态，要求考生头脑清醒、情绪稳定。而考试焦虑则是大学生面临的主要应激源之一。所谓考试焦虑，是指在一定的情境下，受个体认知评价能力、人格倾向与其他因素的影响，以担忧为基本特征，以防御或逃避为行为方式，通过不同程度的情绪性反应所表现出来的一种心理状态。轻度的焦虑有助于大脑进行积极的思考，但是焦虑水平过高则会严重影响复习和考试的正常进行，对身心具有很大的危害性，有必要求助于心理治疗或心理咨询。

### （一）考试焦虑的表现

具体表现：①情绪上表现出担忧、焦虑、烦躁不安；②认知上表现为注意力不集中，记忆力下降，看书效率低，思维僵化；③行为上表现为坐立不安，手足无措；④身体上表现为头痛、食欲下降、恶心、心慌、睡眠不好等。严重的情况下具有高度考试焦虑的学生在考前会出现明显的生理心理反应，如过分担忧、恐惧、失眠、健忘、食欲减退、腹泻等，在临考时心慌气短、呼吸急促、手足出汗、发抖、频频上厕所、思维肤浅、判断力下降、大脑一片空白，个别学生在考场上出现视觉障碍，如看不清题目、看错题目、漏题丢题、动作僵硬、手不听使唤、出现笔误等。

（二）考试焦虑产生的原因

1.客观因素

（1）考试本身。如考试的重要性、难易程度、竞争程度等。

（2）学生的学业期望。一般而言，学业期望越高的学生，对学习投入的精力越多，越看重学业成绩，因而对考试失败的恐惧就越高，越容易产生焦虑，而那些学业期望较低的学生，满足于及格就好，一般不会产生考试焦虑，当他们面临学业失败时，也可能会产生考试焦虑。

（3）知识掌握程度。我们经常说"难者不会，会者不难"，考试的难易是相对的，现在有一部分学生上课不认真，下课不复习，推崇考前一周效应，平时学习不努力，临阵磨枪，匆忙上阵，面对考题，感到题太难，便产生了考试焦虑。

（4）考试压力的传递。学生间的相互影响也会造成考试焦虑。如一些学生将考研列为重要的人生目标，考前以发誓、写战书等方式激励自己的斗志，人为制造紧张气氛，使部分学生感到考试不及格很可耻，整天笼罩在对失败的恐惧之中。

2.主观因素

（1）个性气质特点。那些敏感、易焦虑、过于内向、缺乏安全感和自信心、做事追求完美的学生容易出现考试焦虑。

（2）考试经验。大学生多数在中学时代都有考试成功的经验，而进入大学后，偶然的考试失败会加剧这部分学生的考试焦虑，将过去的考试成功归于题目容易、运气好，而将大学的考试失败归结为自己不聪明、能力差，就会对自己失去信心，因而一要考试就会紧张焦虑。

（3）知识掌握与复习准备。如果复习准备不足，对考试没把握，就会产生考试焦虑。

（4）对考试外在价值的过分重视。考试成绩与大学生学业荣誉如奖学金、政治前途如入党、学业前途如保送研究生等密切相关。因而，大学生很看重考试成绩，特别是学业成绩优异的大学生，恐惧考试失败的心理压力更大，更容易出现考试焦虑的症状。

（三）考试焦虑的调适

（1）充分的复习准备。80%的考试焦虑是由复习准备不充分引起的，因此牢固掌握知识是克服考试焦虑的根本途径。

（2）认知调整法。主要是指正确看待考试，正确看待自己，树立合理的考试期望，从根本上消除考试焦虑。

（3）自信心训练法。主要是消除对自己没有信心的消极暗示，经常给予自己积极的自我暗示。

（4）放松训练法。闭上眼睛进行深呼吸，反复几次有助于缓解焦虑情绪。

（5）开展考前心理辅导。对一些敏感、焦虑、抗挫折能力差、有心理障碍的学生在考前进行有针对性的心理辅导以缓解其心理压力，对考试高度焦虑的学生进行集中辅导，使学生客观地认识自己，提高心理素质，增强自我心理调适能力，提高考试技巧，有效地化解外来压力，发挥出应有的水平。

# 第三节　大学生有效学习策略的培养

## 一、克服学习拖延，果断开始行动

如何改进学习拖延，结合美国心理学家艾利斯的一些观点，建议如下：

第一，确立一个可操作的目标（可观察、具体而实在的），而不是那种模糊而抽象的目标。

不是"我要停止拖延"，而是"我要在这周末前把这本书的前三章看完"。

第二，设定一个务实的目标。不要异想天开，而要从小事做起。不要过于理想化，而要选择一个能接受的程度最低的目标。

不是"我绝不再拖延"，而是"我会每天花一个小时的时间来背单词"。

第三，将目标分解成短小具体的迷你目标。每一个迷你目标都要比大目标容易达成，小目标的一个个实现终将累积成大目标。

不是"我打算写那份报告"，而是"今晚我将花半个小时整理资料，明天上午我将花半个小时设计表格，明天下午我将花另外半个小时把数据填进去，在接下来一天，我将根据那些数据花一个小时将报告写出来"[1]。

第四，现实地（而不是按照自己的愿望）对待时间。问自己："这个任务事实上将花去我多少时间？我真正能抽出多少时间投入其中？"

不是"明天我有充足的时间去做这件事，差不多两个小时就能搞定吧"，而是"我最好看一下我的时间安排表，看看我什么时候可以开始做。上次那件事所花的时间有没有超出了我的预期？"

第五，只管开始做！不要想一下子做完整件事情，每次只要迈出一小步。要记住："千里之行始于足下。"

不是"我一坐下来就要把事情做完"，而是"我可以采取的第一个行动是什么？要具体到哪一步骤上？"

第六，利用接下来的15分钟。任何事情你都可以忍受15分钟，你只能通过一次又一次的15分钟才能完成一件事情，因此，你在每15分钟内所做的事情都是相当有意义的。

不是"我只有15分钟时间了，反正也做不完，何必费力去做呢？"而是"在接下来的15分钟内，这件事的哪个部分我可以先着手去做呢？"

第七，保护你的时间。学会说不，不要去做额外的或者不必要的事情。为了从事重要的事务，你可以决定对急迫的事情置之不理。

不是"我必须对任何需要我的人有求必应"，而是"在工作的时候，我没有必要接听电话。我会收看短信留言，等我做完事情后再回电话"。

---

①徐国立,连成叶,游客华,等.大学生学习与心理指导[M].北京:中国人民大学出版社,2014.

第八，留意你的借口。不要习惯性地利用借口来拖延，而要将它看作是再做15分钟的一个信号，或者利用你的借口作为完成一个步骤之后的奖赏。

不是"现在网络掉线了，所以我没办法查找资料写论文了。我想去看场电影"，而是"虽然这会儿网络掉线，但是我可以在没有网络的这段时间内先列出论文提纲"。

第九，奖赏你一路上的进步。将奖赏聚焦于你的努力，而不是结果。要记住：即便是迈出一小步也是进步。不要对自己小的进步感到懊恼，而是学会看到每一点进步的价值。

不是"除非我全部完成，否则我就会感觉哪里不对，没有成效"，而是"我已经走出了几步，而且我做事非常努力，这就是我今天的成就，明天我会继续努力。今天可以稍微奖赏一下自己，去看个电影吧"。

第十，将拖延看成是一个信号。停下来问自己：拖延传递给我的是什么信息？

不是"我又在拖延，我恨我自己"，而是："我又在拖延，我的感受是怎样的？它意味着什么？我可以从中学到什么？"

记住：你能够作出自己的选择。你可以拖延，你也可以行动。

即便在你心里不舒服的时候，你还是可以行动。行动总比无止境的后悔有价值。

## 二、保持良好注意力，学会如何听课

好的听课者总是一边听讲，一边思考。要想成为好的听课者，大学生就必须学会应对上课注意力不集中的问题。

上课走神，这是许多大学生经常碰到的一个学习困扰。国外的研究发现，影响一些学生听课能力与听课效果的主要因素有以下六种：

第一，是有的学生认为一门课乏味、枯燥，马上就不听了，很多学生都只想听搞笑的、有意思的内容。其实，一个好的听课者要学会仔细听讲，努力抓住那些可能是重要的或有用的内容，即便再枯燥乏味也要克制自己耐心听下去，要明白知识本身就是枯燥的，只有你理解了、感兴趣了，自然枯燥也会变得有趣。

第二，是有意找老师的碴儿。有的学生在还没有充分了解老师之前，就在课堂上不是对老师的外貌、衣着评头论足，就是取笑老师讲话的口音或性格不好等，从而主观推断老师讲不出好东西来。一个好的听课者应该认识到，上课不是话剧表演，更不是时装表演，而是要尽力去抓住老师所讲的内容，不要过多地挑剔责怪。

第三，带着情绪听课，过于注重自己与老师不同的观点。其实，一个好的听课者应该全面客观地理解老师的讲课内容。如果听到与老师的观点相左的地方，就要学会积极反思自身认识方面的问题，下课后也可以与老师交流意见。同时，还要注意听与老师相同的地方，吸取对自己有益的内容。

第四，是只听事实。一个好的听课者应该知道，事实知识不单纯是事实，事实知识是为观点提供依据的。因此，听课还要注意听观点，以及事实与观点之间的联系。

第五，是习惯于分散注意力。有些学生听课容易受外界因素影响，如脚步声、开门或关门声、咳嗽声等，造成注意力分散，并以此为借口停止听课。一个好的听课者应该学会摆正目标、排除干扰，最大限度地保持自己的注意力。

第六，是只选择容易的知识。不会听课的学生总是感到老师讲的观点、知识太麻烦、太复杂、太深奥，总希望听一些轻松、易懂的东西。甚至有些学生只喜欢老师讲故事或案例，只有在老师放视频的时候才抬头看一下，只想满足自己的需求，而稍微枯燥一点的知识都不愿意听。其实，一个好的听课者应该认识到，上课不是开故事会，课堂更不是电影院，一个好的听课者应该不惧怕深奥难懂的内容。

因此，要想上课时保持良好的注意力，提高听课效率，我们一走进教室就要记住听课时要做到以下四个方面：①使自己的听力和思维能力跟老师协调一致；②适应自己的思维进度跟老师的说话速度之间的差异；③乐于接受老师传达的思想且可同时存在辩证思维；④培养探究的兴趣并承认"听"是一个根本的、积极的学习过程。

### 三、增强学习自我效能感，提升动机水平

自我效能感的概念是由美国著名心理学家班杜拉提出的，是指人对于自己能否成功地进行某一成就行为的主观判断，人们会因为在某件事情上自己的成败经验和别人的成败经验对自己的能力持有不同的主观判断，而这种对自身能力的主观判断将会影响人们今后做该事情的动机水平。并且，人们如何解释自己在某件事情上的成败原因，也对其自我效能感有影响。

对大学生的学习而言，第一，自己的成败经验会影响其自我效能感。如果一个大学生在某科目的学习上总是获

得成功，那他就会对自己在该科目上的能力和水平相当自信，学习动力十足；反之，如果一个大学生在某科目的学习上屡战屡败，他对自己在该科目上的学习能力和水平的自信心就会逐渐丧失，他也不会喜欢该科目，更不会努力学习该科目。第二，他人的成败经验也会影响其自我效能感。如果一个大学生发现别的同学在某方面通过努力取得了成功，他也就愿意努力学习；反之，如果他发现别的同学努力了也没成功，他自己的自信心也会减弱，也就不会努力学习。第三，一个大学生对自己成败经验的归因也会影响其自我效能感。如果一个学生倾向于把自己在学习上的成功归因为自己能力较强、学习努力，把自己在学习上的失败归因于自己努力不够或运气不好等外界因素，他就会有较高的学习自我效能感；反之，如果他把自己学习的成功归因于运气好等外界因素，把学习失败归因于自己的能力不够，他的学习自我效能感就会较低。

就大学生如何提高学习自我效能感，我们提出如下建议：

第一，学习的成败经验是关键。大学生需要懂得学习是一个循序渐进的过程，更要懂得设置学习目标时不能好高骛远，要切合实际，一步一步来。只有学会将自己的学习目标分解成一个个的小目标，我们才能获得更多的成功体验，更容易感受到学习上的成就感，不断提高学业自我效能感。

第二，学会积极归因。大学生需要懂得影响学习成败的原因有很多，要学会从学习的努力程度这个不稳定且自己可控的因素中寻找成败原因，停止用如自身的能力差、运气不好等一些自己不可控的因素来为自己找借口，以此寻找心理安慰，更要停止不理性地跟自己作对，防止破罐子破摔。

第三，认识自己的独特性，学会悦纳自我。大学生需要懂得每个人都是独特的，要学会认识自己的长处和短处并愉快地接纳它们，再想办法扬长避短；而不要因为别人的存在，总是不讲道理地否认自己的成功。

## 四、培养学习动机，做到乐在其中

所谓动机，是激发和维持个体进行活动，并导致该活动朝向某一目标的心理倾向和动力。学习动机是学习的动力之源。

### （一）外部学习动机的激发

很多时候，学生也不是为了学习而学习，而是为了获得学习之外的条件而学习。价值期望理论认为人们在某项任务上的努力程度取决于两个方面：一方面，是任务的回报或达到目标对于满足他个人需要的价值，即效价；另一方面，是人们根据过去经验判断自己达到某种目标的主观概率，即期望。

#### 1.效价

同一目标，由于每个人所处的环境不同、需求不同，其需要的目标价值也就不同。同一个目标对每一个人可能有三种效价：正、零、负。如果个人喜欢其可得的结果，则为正效价；如果个人漠视其可得的结果，则为零值；如果不喜欢其可得的结果，则为负效价。效价越高，激励力量就越大。

该理论指出，效价受个人价值取向、主观态度、优势需要及个性特征的影响。可以根据行为的选择方向进行推测，假如个人可以自由地选择A结果和B结果的任意一个，在相等的条件下：如果选择A，即表示A比B具有正效价；如果选择B，则表示B比A具有正效价。也可以根据观察到的需求完成行为来推测。例如，有人认为有价值的事物，另外的人可能认为全无价值。如1000元奖金对生活困难者可能很有价值，而对百万富翁来说意义不大。一个希望通过努力工作得到升迁机会的人，在他心中，升迁的效价就很高；如果他对升迁漠不关心，毫无要求，那么升迁对他来说效价就等于零；如果这个人对升迁不仅毫无要求，而且害怕升迁，那么升迁对他来说，效价就是负值。

从效价来看，可以通过设置必要的奖赏来增强大学生学习的外部动力。一般来说，奖赏包含：物质奖赏（钱、奖品）；活动奖赏和特权（参与特殊活动、行使特殊权利等）；等级和宣传（荣誉、作品展示）；表扬和社会奖赏；引入适当的竞争。

学习中引入竞争，对于激发学习动机，既有好处也有坏处。过于重视竞争会导致一系列负面的后果，让学生心理压力过重，一部分学生甚至会由于连续的失败而产生习得性无助。为了避免这样的负面后果，竞争的策略需要与合作的策略并行使用，这样才能收到相得益彰的效果。合作的形式多种多样，需要根据问题具体对待，采用各种有效方式进行合作。总体来说合作形式可划分为群体合作和个体间合作，群体合作可以增强集体荣誉感，而个体间合作则可增强同伴间的友谊。

2.期望

对于目标的期望值怎样才算适合，有人把它形容为摘苹果。只有跳起来能摘到苹果时，人才最用力去摘。倘若跳起来也摘不到，人就不跳了。如果坐着能摘到，无须去跳，便不会让人努力去做。由此可见，制定学习目标或者设置学习任务时，要让学生经过努力就能完成，再努力就能超额，这才有利于调动学生的积极性。难度太高使学生失去完成的信心，他就不会尝试去做；难度太低，唾手可得，学生也不会努力去做。因为期望概率太高、太容易的任务会影响学生的成就感，失去目标的内在价值。所以老师设置学习任务、制定学习目标，以及学生获得奖励的可能性上都有个适度问题，只有适度才能保持学生恰当的期望值。

美国精神分析心理学家弗洛姆认为，期望的东西不等于现实，期望与现实之间一般有三种可能性，即：期望小于现实，期望大于现实，期望等于现实。这三种情况对人的积极性的影响是不同的。第一种是期望小于现实，即实际结果大于期望值。一般地说，在正强化的情况下，如奖励、提职、提薪、分房子等，当现实大于期望值的时候，有助于提高人们的积极性，在这种情况下，能够增强信心，增加激发力量。而在负强化的情况下，如惩罚、灾害、祸患等，期望值小于现实，就会使人感到失望，因而产生消极情绪。

第二种是期望大于现实，即实际结果小于期望值。一般地说，在正强化的情况下，便会产生挫折感，对激发力量产生削弱作用。如果在负强化的情况下，期望值大于现实，则会有利于调动人们的积极性，因为这时人们做了最坏的打算和准备，而结果却比预想的好得多，这自然对人的积极性是一个很大的激发。

第三种是期望等于现实，即人们的期望变为现实，也就是期望的结果是人们预料之中的事。在这种情况下，一般地说，也有助于提高人的积极性。如果从此以后，没有继续给以激励，积极性则只能维持在期望值的水平上。

## （二）激发内部学习动机

内部动机指当我们追求个人兴趣和能力的提高时所产生的一种寻求挑战并克服挑战的自然心理倾向。梁启超在《到京第一次欢迎会讲演词》中说："凡欲成就一事业者，必然责任心与兴味两者具备。鄙人自问生平无他异人之处，惟对于一切事，皆觉兴味浓挚，求学有然，治事亦有然。凡有可以劳吾心、劳吾力者，则当其服劳之时与既劳之后，皆觉有无限之愉快。至于其勤劳所得之报酬如何？则不暇问也，以故亦永无失望沮丧之时。"学习快乐的真谛在于做到乐在其中，这需要学生培养自身对学习的兴趣以及责任心。

### 1.好奇心

好奇乃人之本性，也是兴趣形成的最初形态。好奇心的存在说明人天生具有学习的需要，古希腊哲学家柏拉图说："好奇者，知识之门。"作为一名学生，培养自己学习兴趣的最好方式是把自己已有的兴趣与学习的知识结合在一起。或许有人反对，说自己根本没有机会去选择能与自己兴趣相结合的知识。比尔·利特尔在《人是怎样自寻烦恼的》一书中给出了这样的回答："生活中，你不会永远有特权去做你高兴的事，但是你有权利从你的所作所为中得到最多的乐趣。"

### 2.自主性

自主是影响学生学习兴趣的另一个重要因素。美国临床心理学家吉姆（Kim）和美国心理学家谢尔曼（Sherman）的一项实验中设置了一种剥夺情境：让被试者在差异显著的"好对象"和"差对象"间做选择并对各个对象进行评分，然后剥夺所选"好对象"并将"差对象"作为礼物强加于被试者。结果发现，相对于初次评分，被试者对所获得的"差对象"的再次评分得分降低。这一结果说明人们对自身所从事的活动拥有自主控制权才会更加卖力，更能体验到乐趣。因此，在学习中强调学生学习的自主性，能够培育学生强烈的学习动机和浓厚的学习兴趣，从而进行能动的学习，即主动地、自觉自愿地学习，而不是被动地或不情愿地学习。

在实际的学习过程中可以从以下几个方面来把握自主性：制订计划，严格按照这个计划开展学习；树立目标意识，确立一个目标，有利于学习中的坚持；改善学习的氛围和环境，例如和好朋友一起开展学习上的比赛，让学习的环境"活"起来；自我检查学习的效果和计划执行程度等。

## 五、学生创造力的发展与创造性学习

### （一）创造力的内涵

创造力是指产生新思想，发现和创造新事物的能力。从心理层面来看，它包含了想象能力，能够在头脑中构建出独特的、前所未有的景象或概念。例如艺术家在创作一幅全新风格的画作时，需要运用想象力构想出独特的画面布局、色彩搭配等。它还涉及发散性思维，即从一个点出发，能够朝着多个方向思考，产生众多不同的想法和解决方案。比如在解决一个工程问题时，具备创造力的工程师会想到多种不同的设计思路。

创新意识也是创造力内涵的一部分，这是一种积极追求创新、勇于突破传统的主观意愿。有创新意识的人总是乐于尝试新的方法、探索未知的领域。

同时，创造力也包含将想法转化为实际成果的能力。一个有创造力的发明家不仅要有新奇的创意，还能够通过技术手段将创意转化为可以使用的发明产品。

## （二）创造力的两大认识支柱

想象与思维，是人们创造活动的两大认识支柱。这里的想象主要指创造性想象，这里的思维主要指创造性思维。

### 1.创造性想象

作为想象的一种，创造性想象是指根据一定的目的和任务在头脑中独立地创造出新形象的心理过程。新颖性、独立性、创造性是其本质特征。它能够结合以往的经验，在想象中形成新的设想，提出新的假设，是创造性活动顺利开展的关键。科研发现和创见、生产技术和产品的改进发明、文学艺术的构思塑造，甚至儿童的画画和游戏，都离不开创造性想象，比如，将词语"苹果"和"月亮"发生联系，就是借助于创造性想象。

### 2.创造性思维

创造性思维，是相对于以固定、惰性的思路为特征的习惯性思维而提出的，是一种高度灵活、新颖独特的思维方式，它常常在强烈的创造动机和外在启示的激发下，借助于各种具体的思维方式（包括直觉和灵感），以渐进性或突发性的形式，对已有的知识经验进行不同方向、不同程度的再组合、再创造，从而获得新颖、独特有价值的新观念、新知识、新产品等创造性成果。创造性思维是发散性思维和聚合性思维相结合的产物。创造性思维活动的完整过程，是从发散思维到聚合思维，再从聚合思维到发散思维的多次循环和不断深化。因此，创造性思维能突破常规和传统，不拘于已有的结论，以新颖、独特的方式解决新的问题，它是整个创造活动的实质和核心。

### （三）创造力的影响因素

#### 1.创造力和智力

一些研究表明，智能特征和创造才能之间显示了一种低水平的相关或完全不相关。也就是说，聪明的个体不一定就具有创造力，但这并不表示创造不依靠智力。世界著名教育心理学家加德纳曾对弗洛伊德进行了分析研究，得到的结论是弗洛伊德是极其聪明的。加德纳认为，弗洛伊德是言语智力的天才，这让他很容易学习外语并进行广泛阅读，且他在科学方面也极有天赋，这些为他成为精神分析的开山鼻祖打下了坚实的基础。智力与创造力的关系类似于汽车和驾驶员之间的关系。驾驶员的技术会影响汽车的驾驶方式，同样，一个人的创造力可以决定他如何发挥他的智力。可以说，创造力是智力活动的最高表现。

#### 2.创造力与人格

人格因素与创造力之间的关系极为密切。心理学家吉尔福特认为，具有创造性的个体具有以下特征：①高度的自觉性和独立性；②旺盛的求知欲；③强烈的好奇心；④知识面广，善于观察；⑤工作讲究条理、准确性和严格性；

⑥有丰富的想象力、敏锐的直觉、喜好抽象思维，对智力活动有广泛兴趣；⑦幽默感；⑧意志品质出众、能排除外界干扰长时间地关注某个兴趣中的问题。而不利于创造性的人格特质则表现为：缺乏观察力和求知欲，看问题角度单一，想象力贫乏，害怕失败，保守固执，缺乏自信，依赖权威等。根据国内外研究，创造性学生具有兴趣广泛、专心致志、有强烈的好奇心、自信独立、勇敢、富有幽默感、甘愿冒险等特点。其中强烈的好奇心、自信独立和专心致志这三个特质是最基本也是最重要的。

（1）强烈的好奇心

好奇心意味着对新异事物的敏感、对未知事物强烈的探索欲望和对真知的执着追求。巴甫洛夫对狗看见食物就流口水的好奇心，促使他创立了高级神经活动生理学；伽利略对教室吊灯摆动的好奇心，驱使他发现了摆的等时性原理，实现科学计时……法国作家法朗士说：好奇心造就科学家和诗人。它是创造的出发点、动机和推动力。好奇心意味着不满足于问题只有一个答案，他会尽力寻找多个答案，在多个答案中做最优的选择。好奇心还意味着一种开放的姿态，不受任何先入为主的束缚，不迷信于任何定律和权威。俄国数学家罗巴切夫斯基正是推翻了连小学生都已熟知的"三角形的内角之和等于180度"的几何定律，才建立起完全不同于欧氏几何学的罗氏几何学，从而对现代物理学、天文学及人类的时空观念的变革产生了深远影响。

（2）自信独立

高度的独立性，尤其是独立思考的能力，是创新者必备的素质。爱因斯坦说:"不下决心培养独立思考习惯的人,便失去了生活中最大的乐趣——创造。"独立性使人不盲从、不轻附众议;善于独立思考的人常对事物有敏锐的洞察力,从而达到独出心裁、别具创新的境界。然而独立性却需要有充分的自信心作为支撑,因为我们每个人都曾或多或少地受到社会以及群体力量的影响,一旦你特立独行,往往会面临或被排斥、被嘲讽或接受再教育的境地。因此,培养自己的自信心和冒险精神,鼓励每一个创造性想法,对培养创造能力有极大的作用。

(3)专心致志

"知止而后有定,定而后能静,静而后能安,安而后能虑,虑而后能得。"只有定下心来,将自己的意念集中于你所做的事情,才能给创造性的想法以诞生的空间。

(四)如何创新创造

我国著名教育家陶行知说过:"处处皆创造之地,天天是创造之时,人人是创造之人。"大学生是具有较高智力水平的人群,更具有发挥创造力的潜在优势,况且他们正处于思想最活跃的时期,对各种事物充满好奇心和探索欲,其专业学习也是一种思维的系统训练,加上拥有较多向专家学者学习与交流的机会,这都为他们创造力的发挥提供了得天独厚的优势。日本学者帕瑞把青年期结束之前的创造思维的开发分为三个时期:启蒙期(3~9岁)、培养期(9~22岁)和结实期(22~28岁),其中培养期是开发创造思维的关键期,必须注意强化脑的机能,着重打下科学创造的基础,为过渡到有社会价值的发明创造奠定基础。可见,大学阶段是创造力培养的关键期,充分利用好创造力培养的关键期，有意识地提升自己的创造力素质，是大学生提升自己综合素质的核心任务。那么，大学生如何培养创造力呢？

### 1.丰富知识与经验

创造力不是空中楼阁，它依赖于坚实的知识基础和精湛的专门技能。个体只有精通所学专业领域的知识，并努力开发创造所必需的技能和洞察力，才有可能表现出不同于其他个体的创造力。一些心理学研究表明，创造力与个体知识结构之间存在十分密切的关系。合理的知识结构（即由一定的基础理论知识、较深厚的专业知识、广泛的邻近学科知识及有关的学科发展前沿知识组成的网状知识结构）有利于同化原有的知识或概念，形成新的观点和概念。同时，在合理的知识结构中，知识越丰富，产生新设想、新观念的可能性越大。可以说，丰富的知识和经验是提高创造力的前提。然而，如果不恰当地运用自己丰富的知识经验，也会成为个体发挥创造力的羁绊。因此，大学生在不断扩充自己的知识结构、丰富自己知识经验的同时，还要在尊重、学习和借鉴的基础上，勤于思考，敢于对已有的知识经验质疑，才不会使自己的独创精神淹没在书海中。

### 2.培养发散性思维

创造性思维所面对的是一个具有广泛联系和无限可能性的世界，其联系的方式和程度远比我们想象的要复杂。正如仅仅7个音符能组合出一切最美妙的音乐，26个英文字母组合成了从莎士比亚戏剧到联合国宣言一切可能的文化一样，需要从本质上承认事物的普遍联系性，承认在事物表面联系的背后隐藏着诸多鲜为人知的可能性，于是发散性思维变成了一切创造的最初条件。美国心理学家吉尔福特坚持认为，发散思维是创新思维的核心。发散思维能力与创造力的关系非常密切，因此大学生可以进行一些发散思维训练，如一题多解等，能够有效地提高大学生的发散思维能力。

### 3.潜意识与创造

弗洛伊德把人的意识比作冰山，露在海面的部分是意识，即能知觉到的记忆或能觉察到的心理活动，它大约只占整个冰山的三分之一；而海面以下绝大部分是不能意识到的那部分记忆或没有觉察到的心理活动，被称为潜意识，它时刻影响着人的心理和行为。研究表明，潜意识活动会影响人的创造性，潜意识作用于人类创造活动主要有三种形态：平时的自然流露、睡眠中的构思和灵感的喷涌。每个人都有过这样的体验：对一个问题百思不得其解时，答案却在意外的场合中突然获得，也就是我们常说的灵感。灵感的发生正是我们所思考的东西在潜意识中酝酿滋长，一旦酝酿成熟，就涌现在意识中了。

然而，潜意识对创造的作用是建立在对有关问题的充分准备之上的。俄国音乐家柴可夫斯基毫无疑问是最伟大的音乐天才之一，有时也苦于缺乏灵感，他说："灵感是一个客人，不是一请就到，而需要像健牛般竭尽全力的努力，最后才能达到豁然开朗的心理状态。"因为灵感和直觉闪现的突发性、瞬时性和高速性往往使人猝不及防，而为了及时捕捉灵感，我们就要随时随身准备纸和笔把突然跃入脑际的思想火花记录并及时进行精加工，利用这种手段进行验证，才有可能实现创造性的发明和发现。

### 4.积极营造创造的心理氛围

#### (1)脑力激荡法

几个人一起思考同一问题时所产生的效益往往大于一个人思考，这种思考和解决问题的方式，一方面能提高对问题认识的广度和深度，另一方面在讨论的基础上会产生心理学家所称的"社会促进"现象，即当一个人看到其他人正在完成某个任务时，自己也会积极地思考。

#### (2)积极参加科学研究，培养科学能力

许多创造性成果都是科研的结果，因此应当积极参与有关科研活动，培养实事求是的科学态度；通过系统的科学训练，可以掌握科研的步骤，在科研实践活动中往往能够激发出创造的火花。

# 第五章　大学生人际交往

## 第一节　大学生人际交往概述

### 一、大学生人际交往

#### （一）人际交往与大学生人际交往

人际交往是指人运用语言或者非语言符号相互传递信息、交换意见、交流思想、表达情感和需要的过程。

人际关系是人与人之间通过动态的相互作用形成的心理联系，反映在群体活动中，就是人们相互之间的情感距离和相互吸引与排拒的心理状态。这是人们通过直接交往所产生的情感积淀，是人与人之间相对稳定的情感纽带。人际关系既是人际交往的基础，也是人际交往的结果。[①]

大学生人际关系在广义上是指大学生和与之有关的一切人际联系。作为人际关系主体的大学生，可以是个体，也可以是群体；同样地，人际关系的对象可以是个体，也可以是群体。狭义上的大学生人际交往也称大学生人际沟通，是指大学生个体与个体之间在共同的活动中彼此传递信息、交流情感、满足需要的过程。大学生的人际关系主

---

①孙晋芳.大学心理健康教育工作创新[J].西部素质教育,2022(15)：117-119.

要有师生关系、同学关系、家庭关系、朋友关系等。

## （二）大学生人际交往的重要性

大学生人际交往是其大学生活中一个不可忽视的重要方面。人际交往对大学生发展具有以下重要的作用和意义。

### 1.有助于提高自我认知和自我完善

人的自我认知和自我完善的过程是在一定的文化环境中，通过个人与他人相互作用、相互认知从而认识自我、完善自我的过程。只有在与他人交往的过程中，通过他人对自己的评价和态度等与自己的认知相对比，才能真正、全面、客观地认知和完善自我。

### 2.有助于增强信息交流和获取的意识和能力

人际交往本身就是一个信息传递、交流的过程。与不同的人或群体交往，是大学生增强自我表达交流能力、获得大量书本以外新知识的一个有效途径。

### 3.有助于协调人际关系,便于以后走向社会

在人际交往中，每个人都或多或少存在着价值观以及行为习惯等方面的差异，由此可能引发一些矛盾和冲突。正确处理好这些不良影响，建立融洽和谐的人际关系就是一个协调的过程。这方面能力的锻炼、提高将作为以后迈向社会更复杂人际交往的演练和准备。

### 4.有助于心理保健和身心健康

在与他人交往中，可以满足情感方面的需要。比如，获得他人的尊敬、信任、支持，可以与朋友分享喜乐、分担忧愁。如果缺乏正常的人际交往，将产生负面情绪。此时如果没有合理的疏导和宣泄渠道，最终将导致严重的心理问题，影响身心健康。

## 二、大学生人际交往的特点

大学生作为一个正在接受高等教育的社会特殊群体，他们的人际关系除了具有社会性、历史性、客观性、多样性、动态性等一般属性外，还主要呈现出以下五个特点。

### （一）迫切性与开放性

现在的大学生思维活跃、精力充沛、兴趣广泛、好奇心强、活泼好动，加之进入了一个全新的人际环境，因而迫切希望别人了解自己，渴望得到他人的尊重和承认，也急于了解他人和社会。因此，大学生对于人际关系的建立抱有积极良好的愿望，期待建立多方面、多层次的人际关系，而且在交往对象、内容、方式、渠道上具有开放性，他们希望可以和各个层次、各种类型的人进行交往，以帮助其个人成长。

### （二）平等性和不平衡性

当代大学生自我意识比较强，特别是年青的一代，他们对独立自尊的要求高，追求一种平等条件下的交往——双方彼此尊重、相互容纳。但是大学生来自五湖四海，经济背景存在差异。而且在与不同层次的人的交往中往往都会出现不平衡性。

### （三）理想性和现实性

大学是人生当中压力相对较小的阶段，给大学生追求理想创造了有利的条件。但是由于心理尚未完全成熟，社会阅历有限，也由于家庭、社会及客观环境对人的限制，大学生不可能全面地接触社会，全面地了解现实的"人"，很容易产生理想化的思维定式。大学生人际交往的动机相对单纯，情感的因素一般占绝大多数，对人际交往抱有较高的期望值，并将其理想化。但在社会各种要素的影响下，大学生的社会化程度也在不断提高，理想化有淡化的趋势，趋向实用主义、现实性，甚至会出现个别极端的以利益为导向的人际交往，通俗来说就是功利性交际。

### （四）不稳定性和不成熟性

大学生由于心理发育尚未成熟，自我意识的增长与认知能力发展不太协调，情绪容易处于一种不稳定的状态。他们在选择交往对象以及维护人际关系上也就表现出明显的不稳定性和易变性。这与大学生人际交往的理想性有关，也体现出人际交往的不成熟性。

### （五）合作性与竞争性

随着社会自由度的发展，再加上当代大学生以独生子女居多，因此他们的集体意识和合作意识不断地减弱，伴随的是自我设计、自我奋斗、以自我为中心的一种趋势，为了更好地体现自己，竞争性在大学生活中与合作性相伴而生。

## 三、影响大学生人际交往的因素

在大学生群体中，人与人之间的交往程度或深度往往有较大的差别。有的呼朋引伴，有的形单影只。这些差别是许多客观和主观因素共同影响的结果，存在着各种心理效应。

### （一）影响大学生人际交往的非心理因素

#### 1.时空因素

空间距离对人际交往有着重要的影响。人与人之间的人际交往需要在一定的时空范围内进行，距离的远近和交往的频率是影响大学生人际交往的重要因素。

在日常生活中，人们更多地将喜欢的情感投向周围与自己有直接交往的对象，并在其中选择交往或合作的伙伴。因为空间距离越近，人们交往的机会就越多，交往的频率就越高，就越容易形成密切的关系。

进入大学后，大学生最初的人际关系一般都是从宿舍成员和老乡开始的。大学生最好的朋友往往都在同一宿舍，由于安排在一个屋檐下，彼此熟悉的程度显然高于非本宿舍成员，而老乡由于地域和文化的关系，在陌生环境里会产生心理上的亲近感。

但是，这里需要说明的是，空间距离并不是形成良好人际关系的决定因素，而只是先起作用的因素。它需要彼此之间的交往这个中介起作用，没有交往，其空间距离再近也不会形成良好的人际关系。比如，有的同学因为存在害羞、自卑、封闭等心理倾向，即使在宿舍也很少与舍友交流与交往，这就很难建立良好的人际关系。

### 2.能力

一般而言，一个才能出众或在某方面有特长的人，对别人会有一种吸引力，使人有一种敬佩感，喜欢与之接近。人们对有能力的人，态度往往出人意料。在其他条件相等的情况下，一个人能力越高、越完美，就越受到欢迎。

还有一种能力特指的是交往的能力。人际交往不光是一门科学，更是一门艺术，有些同学的人际交往失败与其交往能力不足有很大的关系。有些同学有人际交往的意识，内心有强烈的交往愿望，却不知道该怎样交往；想关心人，但不知道从何做起；想赞美人，却怎么也开不了口或词不达意。沟通能力和交往技巧的欠缺也是阻碍大学生和谐人际关系发展的一个重要原因。

### 3.相似与互补

相似有着重要的意义，在日常生活中，共同的态度、价值观与兴趣；共同的语言、国籍、出生地，共同的文化，共同的教育水平、年龄、职业、社会阶层，乃至共同的遭遇都能在一定条件下，不同程度地促使人们相互间的吸引。相似性可使交往双方在交往的过程中得到相互肯定、相互激励。

与相似相联系的是互补。当交往双方的需要和满足途径正好成为互补关系时，双方之间的喜欢程度也会增加。大学生中，外向型的人喜欢与性格内向的人友好相处，相互欣赏；依赖性强的人更愿意和独立性强的人交朋友等。这样使双方的关系更加协调，个人的特点正好适合对方的需要，各得其所。

从表面上看，相似与互补是矛盾的，但实际上，二者是协同的。建立在态度与价值观一致基础上的互补与相似就可以获得协同。无论是相似还是互补都体现了大学生交往的心理倾向，包括需求、兴趣价值倾向等。

### （二）影响大学生人际交往的心理因素

### 1.主体意识和归因方式

主体意识是指在人际交往过程中，交往主体对自身的存在、交往中所处的地位以及周围交往对象的意识。从指导交往行为的层面来看，可分为三个层次：第一，主体认知，即对自身的认识，对自身在人际交往中的地位以及与交往对象的关系的认知；第二，主体情感，即伴随主体认知而产生的情感体验；第三，主体意向，即在自我认知和自我情感的影响下，对人际交往的思想和行为产生的倾向，它指导着交往行为的产生、取向、发展和维持的整个过程。三者密切联系，共同影响着交往行为。

另外，归因方式对人际交往也起着重要的影响。归因方式是指个体对事件发生的原因习惯上倾向作出怎样的解释，具有个性的特点，通过个体对多个事件发生的原因进行判断来评定。归因方式包括内在—外在、稳定—不稳定、整体—局部以及控制—不可控制四个维度。

主体意识对自己的交往态度有着清楚的认识，指导交往行为；而在归因方式的影响下，又会反过来影响交往态度和最终的交往行为。二者相互独立又共同影响着人际交往。

### 2.心理效应

在人际交往的过程中，常常会发生这样的情况：开始时很欣赏对方，觉得交到这样的朋友是自己的幸运。慢慢地，这种热情会减弱，甚至逆转，觉得实际上他并不是那样完美。在心理学中有很多关于人际交往的效应，了解这些心理现象，可以对人际交往的改善起到积极的作用。

### (1)首因效应和近因效应

首因效应一般指人们初次接触交往时各自对交往对象的直觉观察和归因判断，在这种交往情景下，对他人所形成的印象就称为第一印象或最初印象。首因效应对人的印象的形成起着决定性的作用。初次见面时留下的第一印象常常是非常深刻的，而且对以后的交往有很大的影响。因此，在人际交往中留给人们的第一印象是十分重要的，无论好坏，都不容易改变。第一次和陌生人见面时，应穿着打扮整齐、干净，谈吐自然、有礼有节，这样才能建立良好的第一印象，展示自己最吸引人的品质。与此同时也要警醒，在择友时不能完全只凭第一印象，要深入全面了解。

第一印象产生的首因效应，一般在交往初期，即双方还彼此生疏的阶段，特别重要。而在交往后期，即双方已经彼此十分熟悉的情况下，近因效应就发挥了很大的作用。所谓近因效应，是指在多种刺激一并出现的时候，印象的形成主要取决于后来出现的刺激，即交往过程中，人们对他人最近、最新的认识占了主体地位，掩盖了以往形成的对他人的评价，因此，也称为"新颖效应"。因此，人们在看待人或事物时，要历史地、全面地看，不能只看一时一事，这样才能避免近因效应所导致的认知偏差。作为自身来讲，人们要认真对待每一次交往，要有好的开始，也要重视好的结尾，否则再好的"第一印象"也会功亏一篑。

首因效应和近因效应都是在顺序上产生的特殊心理效应，交往中沟通说话时的语序也会因这两个效应而影响沟通。

(2)定式效应和刻板效应

定式效应是指以前的心理活动会对以后的心理活动形成一种准备状态或心理倾向，从而影响以后心理的活动。它是人们在认知活动中用"老眼光"——已有的知识经验来看待当前问题的一种心理反应倾向，也叫思维定式或倾向。在人际交往中，定式效应表现在人们用一种固化了的人物形象去认知他人。在对陌生人形成最初印象时，这种作用特别明显。

上述两个效应给人们的启示是：在人际交往中，人们不要从对象的性格、地位、背景出发，不要戴着"有色眼镜"交往。

（3）晕轮效应

晕轮效应是指人们在对别人作评价的时候，常喜欢从或好或坏的局部印象出发，扩散出全部好或全部坏的整体印象，就像月晕（或光环）一样，从一个中心点逐渐向外扩散成为一个越来越大的圆圈，所以有时也称为月晕效应或光环效应。在多数情况下，晕轮效应常使人出现"以偏概全""爱屋及乌"的错误，产生一个人一好百好的感觉。晕轮效应有可能来自交往对象的外貌、职衔等。

（4）投射效应

所谓投射效应是指以己度人，认为自己具有某种特性，他人也一定会有与自己相同的特性，把自己的感情、意志、特性投射到他人身上并强加于人的一种认知障碍。即在人际认知过程中，人们常常假设他人与自己具有相同的特性、爱好或倾向等，常常认为别人理所当然地知道自己心中的想法。

# 第二节　大学生人际交往障碍及其调适

良好的人际关系，能提高大学生的自信和自尊，增强自我价值感，有助于缓解内心的冲突和苦闷，减少孤独、空虚等。不良的人际交往，会增加大学生的挫折感，激发内心的矛盾和冲突，产生一系列不良的情绪反应，影响身心健康。因此，探讨大学生常见的人际交往问题，客观地分析引起人际关系困惑的原因，是进行针对性心理调适，改善大学生人际关系的前提。

## 一、常见的人际交往障碍

### （一）人际交往的自卑感

在人际交往中，自卑主要表现为：对自己的能力、品质等自身因素评价过低，心理承受能力脆弱，谨小慎微，多愁善感，产生猜忌心理，行为畏缩，瞻前顾后等。

自卑心理的产生，主要来源于心理上消极的自我暗示。其主要原因有：第一，现实交往受挫引起的消极反应；第二，生理上的某些不适引起的消极自我暗示；第三，对自我智力与能力估计过低带来的消极自我暗示；第四，对性格与气质自我评价过低带来的消极自我暗示。自卑是心理暂时失去平衡的一种心理状态，可以通过补偿的方式来加以调适。积极的补偿方式有：正确对待失败，增强自信，扬长避短。[①]

### （二）人际交往的恐惧感

人际关系作为人们之间的心理活动，是主动、相互的。部分大学生由于缺乏这种主动交流的心理能力，而对于陌生人，尤其是异性，表现出害羞、主动回避、畏缩现象。在别人面前面红耳赤、目光紧张、心跳加快、讲话吞吞吐吐、难以自我控制等。为此，他们常常陷入焦虑、痛苦、自卑中，严重影响身心健康和日常的学习与生活。社交恐惧是心理紧张造成的，是可以改善的。第一，消除自卑，树立信心。对自己要有正确的认识，过度自尊和盲目自卑

---

① 杨荣.大学新生心理健康教育和咨询工作创新研究与实践[J].好家长,2017(31):107.

都没有必要，不要对自己求全责备。第二，改善自己的性格。害怕社交的人性格多半比较内向，应注意锻炼自己，多参加集体活动，尝试主动交往，使自己豁达开朗。第三，掌握社交的技巧和艺术。这对消除恐惧大有裨益。

（三）人际交往的嫉妒感

大学生相互之间的个别差异是客观存在的，引起大学生嫉妒的因素主要有外表、成绩、能力、物质条件、恋人、运气，等等。那些自尊心过强、虚荣心过盛、自信心不足、以自我为中心的大学生更易产生嫉妒心理。大学生应学会理智地处理嫉妒心理：第一，培养豁达的人生态度；第二，要化消极的嫉妒为积极的羡慕，勤奋努力，力求改善现状，开创新局面；第三，要充实自己的生活；第四，要密切交往，加深理解。同学之间要打开心扉，主动接近，加强心理沟通，避免发生误会，即使发生了误会也要及时妥善消除。

（四）人际交往的猜疑症

猜疑即多疑，疑是建立在猜的基础上，猜疑往往缺乏事实依据，在许多时候也缺乏合理的思维逻辑。猜疑的人对人、对事特别敏感，在这种心理作用下，人会陷入作茧自缚、自圆其说的封闭思路中。

一个人之所以产生猜疑，多是因为过分关心自己，常以自己的利益为中心，这是一种错误的思维定式。它会导致人际关系紧张，伤害他人感情，无事生非，同时使自己处在不良的心态之中。克服猜疑，第一，要心胸开阔，不要过分计较；第二，要学会全面、辩证地分析问题，改变封闭性的思维方式；第三，要加强沟通。

## 二、人际交往中的心理调适

改善人际关系，加强人际交往，不仅有利于促进个体心理健康的发展，而且有助于优化人们的生活环境。实践证明，增进人际交往，改善人际环境的关键在于加强心理调适，培养交往能力。

### (一)培养良好的人际交往心态

良好的人际交往心态对人际关系的意义非同小可。尽管大学生每天都处在各式各样的交往环境中，但不是每个大学生都有良好的交往意识。不少学生只是被动地处于交往中，有的学生甚至远离人群、自我封闭。学校教育要帮助学生建立起勇于交往、善于交往和树立正确的交往动机的良好交往心态，让学生认识良好人际交往的重要性，有了良好的交往意识，才能积极主动地与人交往。

### (二)增强自信，消除自卑

在人际交往中正确地认识自己和别人是一件不容易的事，在错误的自我评估中，对人际关系妨碍最大的，莫过于自卑。一个人一旦失去了自信，他便在交往中显得茫然、不知所措。学校培养学生在交往中应该热情友好，以诚相待，不卑不亢，端庄而不过于矜持，谦逊而不矫饰作伪，要充分显示自己的自信心。只有树立完全的自信心，才能完全放松，从而显得坦然自若，沉着镇定。

### (三)学会人际交往的技巧和策略

人际交往能力的欠缺也是影响人际关系的原因之一。在人际交往中，语言的交流是其中一个重要的组成部分。部分大学生由于年轻气盛，在与人进行语言交流时总是滔滔不绝地说个不停，往往忽视了对方的发言，与老师、学校领导、用人单位等交流时，若言语盛气凌人、不注意倾听，给人的印象将是不完美的。一般人在倾听时常常出现以下情况：①很容易打断对方讲话；②发出认同对方的声音。较佳的倾听应是完全没有声音，不能打断对方讲话，两眼注视对方，等到对方停止发言后，再发表自己的意见和看法。最佳理想的情况是让对方不断地发言，越保持倾听，就越握有控制权。

### （四）不要过多计较别人的评论，不因一时一事评价人

每个人为人处世的态度受到别人的评论是很正常的，不要轻信主观感受，不要浪费时间去揣测别人对自己的态度。不论别人对自己的评论是肯定的，还是否定的，都应将其看成对自己的一种促进。同时也不应该以一时一事来评价一个人的好或坏，因为借一斑而窥全貌并不总是适用于所有人和事，个别和局部并不一定能反映全部和整体。在与人交往中应具有宽宏的胸怀，要有"让人不为丑，饶人不为痴"的大度大量，不为社交中的细小矛盾、纠缠而斤斤计较。

### （五）学会控制自己的情绪

当你在一个陌生的环境里，紧张、羞怯时，就会引起机体强烈的焦虑感，并处于高度紧张的自我防卫状态，使他人觉得你对他有一种不信任的感觉，这样就阻碍了彼此关系的发展。例如，部分新入学的学生，由于对周围的人和环境都缺乏了解，因而在相当长的一段时间内保持一种高度紧张的自我防卫状态，直到他们熟悉了周围的环境及同学后，才真正比较放松，真正适应。学校应该多创造一些学生交流和锻炼自己的机会，使学生早日融入集体生活。

# 第三节　大学生良好人际交往技巧的培养

大学生人际交往失败的一个不容忽视的原因是缺乏人际交往的经验、方法及相关的技巧。在人际交往过程中，大学生常常忽视了他人的体验与感受，不了解、不关心他人，甚至有时也不了解自己。由于缺乏人际交往的技巧和艺术，大学生往往没有推心置腹的朋友，大多数只是点头之交。

## 一、良好人际交往的原则

万事各有其度，大学生群体的人际交往也应当遵循一定的原则，理解并认同这些交往原则，对大学生正确树立人际交往观、提高交往能力、建立良好的人际交往关系具有重要的指导意义。

### （一）平等与尊重原则

平等原则主要指交往双方在态度和地位上的平等，并期望在各种场合上人格尊严得到尊重。坚持平等的交往原则需要正确地对自我进行评估，在日常生活中人们应该主动与他人交往，不要消极回避，也不能傲慢无礼。

尊重是基于平等，反过来又是平等的一种体现。尊重是一种修养，一种品格，一种对人不卑不亢、不俯不仰的平等相待，对他人人格与价值的充分肯定。尊重他人天性，尊重他人的个人身份和社会地位。只有尊重他人，才能得到他人的尊重。①

## （二）真诚和宽容原则

真诚指真实、诚恳，不虚伪。真诚是人与人之间沟通的桥梁，只有以诚相待，才能使交往双方建立信任，并结成深厚的友谊。真诚是良好人际关系形成所依赖的最基本的品质。

真诚主要体现在以下三个方面：第一，心胸坦荡，赤诚待人，襟怀坦荡；第二，实事求是，自己有缺点就虚心接受批评，对待朋友，就事论事，不偏袒，但有不足也可以委婉提示；第三，不矫揉造作，不虚情假意。

世界上没有两片完全相同的叶子，每个人都有自己独特的个性。在人际交往中，往往不可避免会产生一些误解或矛盾。如果双方都争强好胜，无法忍让，终将导致人际关系的紧张甚至破裂。在保证基本原则和是非明辨的前提下，适当谦让和容忍有助于解决问题，消除紧张。待人宽容的人能扩大交往的空间范围，因此能保障自己良好、愉悦的心境，利人利己。

## （三）交互和协作原则

人际关系是以满足交往双方的需求为基础的。只有交往双方能理解彼此的心理需要，而且使之满足，其关系才会继续发展，才能形成良好的人际关系。因此，交往双方要本着互助互利、互惠共赢的原则，不能是以自我为中心、自私自利。每个人都有自己的优势和不足，交往是一个相互的过程，实际上也是彼此间一种协助、协作的关系。交

---

① 曹冬生.创新大学心理健康教育模式探析[J].赤峰学院学报（自然科学版），2012(14):135-137.

往需求中有互补的因素，而交往关系的维护也要双方的共同努力。

## （四）信任与信用原则

信任和信用是所有互动的黏合剂。在此人们以交往其中一方的角度为例来进行相关的阐述。信任是指对他人的信赖与依赖，不猜疑。只有建立在信任基础上的人际关系才是稳定有序的、可持续发展的。信赖他人能消除自身的恐惧感，获得安全感和幸福感。信用是指言必信，行必果，遵守承诺，严格履行应允过的事情，是赢取别人信任和信赖的前提条件。信用是长时间积累的信任和诚信度。

## 二、解决人际冲突的策略

在大学生的人际交往中，由于交往对象的特点影响，常存在一些冲突。而如何解决人际交往中的冲突，需要运用一些策略来缓和人际矛盾、完善人际关系。

### （一）冲突发展的五个阶段

冲突不是一蹴而就的，而是逐渐发展的，一般来说冲突发展经历以下五个阶段。

#### 1.潜伏阶段

潜伏阶段是冲突的萌芽期，这时候冲突还属于次要矛盾，冲突的存在还没有觉醒。在这个阶段，冲突产生的温床已经存在，随着环境的变化，潜伏的冲突可能会消失，也可能被激化。

#### 2.被认识阶段

在这个阶段，已经感觉到了冲突的存在，但是这时还没有意识到冲突的重要性，冲突还没有对当事人造成实际的危害。如果这时及时采取措施，可以对未来可能爆发的冲突进行缓解。

### 3.被感觉阶段

在这个阶段，冲突已经造成了情绪上的影响。大学生可能会对不公的待遇感到气愤，也可能对需要进行的选择感到困惑。不同的个人对冲突的感觉是不同的，这与当事人的个性价值观等因素有关。

### 4.处理阶段

大学生需要对冲突作出处理，处理的方式是多种多样的，比如逃避、妥协、合作等。对于不同的冲突有不同的处理方式，即便是同样的冲突，不同的人采取的措施也不尽相同。对冲突的处理，集中体现了个人的处世方式和处世能力，也体现了个人的价值体系和对自己的认同。

### 5.结局阶段

冲突的处理总会有结果。不同的处理方式会产生不同的结果。结果有可能是有利于当事人的，也有可能不利于当事人。当冲突被彻底解决时，该结果的作用将会一直持续下去。

但很多情况下，冲突并没有被彻底解决，该结果只是阶段性的结果。有时甚至处理了一个冲突，又会带来其他几个冲突。

### （二）冲突处理的模式

冲突的解决涉及各方，要在各方的利益之间作出权衡和调节，同时采取的方式也是因人而异的。一般来说，大致有以下五种类型。

### 1.竞争型

只追求自己的目标获益，而不顾及对方的影响，非输即赢。

### 2.合作型

双方都希望满足对方的需要，合作寻求对双方都有利的解决方法，求同存异。

### 3.妥协型

双方都必须放弃部分利益以便在一定程度上能满足目标。双方都付出代价，但是均有所得。

### 4.回避型

漠不关心或者逃避争执和对抗行为。一般内向型的人较容易出现这种情况。

### 5.顺应型

自我牺牲以满足对方要求。

上述方式没有好坏之分，它只是不同的沟通方式而已，只有适合与否，能否解决或者缓解矛盾冲突。在某些情况下，适时、适当引入中立的第三方，也能起到调节、解决冲突的效果。总而言之，解决冲突是维护良好人际关系的一个重要保障。

### （三）冲突处理的普适策略

在处理人际冲突方面，有普适策略，即ABCDE记录法。该策略主要介绍的方法是：在一件不愉快的事件发生后，仔细听你自己的念头、想法，观察这个想法带来的后果，然后无情地反驳你的想法，想想自己成功处理悲观念头后所获得的激励，最后把它们记录下来。

不管人们是否察觉，生命都一直在前进。人生并未出售双程票，失去的便永远失去。将希望寄予等到方便的时间才享受，人们不知道要失去多少可能的幸福。生命中大部分的美好事物都是短暂易逝的，享受它们、品尝它们，善待周围的每一个人，别把时间浪费在等待所有难题的"完满结局"上。

### （四）其他冲突的应对策略

#### 1.让第三者适时介入

有时在产生隔阂或冲突等交往障碍时，需要有个"第三者"——消除阻碍的中介。这个中介可以是人，也可以是物，或者一件事情、一个动作、一种情感。例如，与一个朋友产生了矛盾冲突，但又不想断交，这时就不妨请个第三者从中说和。第三者的任务就是将双方的歉意及希望保持交往的愿望准确而真实地进行传递。当然第三者说话一定要委婉、含蓄，否则，它便会起到相反的作用。

#### 2.道歉

真正的道歉不只是认错，它承认言行破坏了彼此的关系，而且自己对这个关系十分在乎，所以希望重归于好。诚恳道歉不但可以弥补破裂的关系，而且能增进感情。人孰无过，这里有三种道歉的艺术，人们应该学习一下。

##### （1）不同方式的道歉

如果觉得道歉说不出口，可以用别的方式替代。吵架后，一束鲜花、一本书、一件小礼物都可以表明歉意。

##### （2）道歉不丢脸

切记道歉并非耻辱，而是真挚和诚恳的表现。另外，道歉要堂堂正正，不必低声下气。你想纠正错误，这是值得尊敬的事情。

（3）争取别人的道歉

假如有人得罪了自己，而又没有表示歉意，不必发火或者生闷气。你可以写一封短笺或者请一位友人传话，向对方说明不愉快的原因，表明自己很想排除这个烦恼。如果能减少对方道歉时的难堪，他往往就会表示歉意。

3.帮对方找个台阶下

人难免犯错误，而犯错之后，有人往往拉不下脸、放不下身段，就只好将错就错，一错到底。然而，要是在冲突或者争执中，好面子的人遇到了一个懂得"觅船送客"的对手，结果可能就会不一样。所谓的"觅船送客"是指为对方的错误找出某种借口，给人"台阶"，顺利化解难题。

当对方已经宣布了一种坚定的立场和见解，又不能为了讨人欢心而改变自己的立场时，要改变他的想法，缓解气氛，先要顾全他的面子，因此可以假定对方在一开始没有掌握全部的事实，然后对他说明原因。

一般人总是缺乏正视自己谎言的勇气，你想戳穿这种雕虫小技，不仅要使他相信你，还必须懂得如何帮他从自我矛盾中解救出来，说得他心服口服，体面结束。

矛盾冲突的解决、人际关系的维护是需要付出努力的，同时也是需要一定的策略的。利用好的方法加上一颗诚挚的心就能轻松维护和拓展良好的人际关系。

# 第六章　网络时代大学生心理健康教育的创新发展

## 第一节　网络时代大学生心理健康教育的新内涵

### 一、网络教育内涵概述

#### （一）网络教育的内涵

由于互联网的快速发展，出现了在线教育。它是随着科学技术的进步和信息网络的逐步普及而发展起来的一种新型教育模式。网络教育是基于现代学习理论和网络环境下的教学思想。它将网络技术与教学行为相结合，充分发挥网络的各种优势，利用现代网络信息技术手段为教育者和学习者提供了一个新的教学环境。

网络教育属于现代远程教育，以计算机网络为主要媒介。它使用数字技术传输教学内容，并开发以学习者为中心的非面对面教育活动。在线教育的本质是多媒体传播教育，它突破了时空的限制和传统教育线性学习结构，使学习者能够广泛、快捷地从媒体中获取大量信息。正是由于在线教育的诸多优势，在线教育已成为当今社会非常重要的教育形式。

要理解网络教育的内涵，需要弄清楚以下几点：①网络教育的媒介和手段是网络信息技术；②网络教育的实现不仅仅是教学资源的数字化，而是虚拟新教育环境的构建；③在线教育包括选择在线教育资源和在线教育信息、开发、处理、设计、创新等智力活动。

### （二）网络教育的特征

#### 1.时空不限

在线教育活动可以在个体、群体、众体三个级别上进行。根据活动模式，可分为同步教学和异步教学。同步教学具有空间自由，异步教学在空间和时间上有很大的自由度。一方面，互联网技术可以更好地实现学校内外教学的全过程；另一方面，任何具有Internet访问条件的人都可以随时在任何地方访问Internet，并且可以独立选择学习内容。简而言之，教学和学习的过程不一定必须同时进行。因此，在线教育最大限度地解除了教育的时间和空间限制。

#### 2.重复性

网络教育资源是网络虚拟世界中存在的事物，它们不会因重复使用而消耗或磨损，该特征使在线教育资源得以不断地保存和积累，形成了越来越多的在线教育资源。网络存储了大量高质量的教育资源，为人们长期重复使用提供了可能性。[①]

#### 3.开放性

与强调教学的传统教育模式不同，在线教育是一种超越时间和空间限制的开放式教学模式。学生只要拥有一定的网络知识和在线技能，就可以随时在任何可以上网的地

---

方学习心理健康教育的知识。此外，利用网络多媒体技术，可以构建一个信息丰富、轻松愉快的学习环境，而数据和视频、图像大量呈现有助于形成和发展其创造性思维。

### 4.匿名性

在虚拟、互动的网络世界中，学习者可以自愿交换自己的经验和价值观，充分表达自己的内心感受，使网络成为学习者的"灵魂之家"。在网络中，一般来说没有人知道你的真实姓名、性别、年龄、种族、社会地位。你可以完全忽略现实生活中年龄、性别、经济条件、文化程度等方面的差异矛盾和限制，与他人平等自由地、开放地进行心理健康方面的交流。

### 5.针对性

网络教育使用计算机网络特定的信息数据库管理技术和双向交互功能，为个性化指导提供有效的方法和条件。教育学习服务系统可以提供学生个性数据、学习过程和思想评论等的完整记录，然后为不同学生提出的个性化问题提供指导和建议。

### （三）网络教育的优势

传统教育是在封闭的环境中进行的，构成的元素是教师、学生、教室。这种教育模式受到时间、空间的限制，对教师和资金的要求很高。教师和学生、学生和学生之间的沟通受到很大限制。网络教学是一种新型的教育方式。它是一种基于网络信息技术的教学模式，突破了传统单一的课堂教学方法。网络教学模式真正实现了课堂的全面开放，以其丰富的教学方法、先进的网络教学技术和良好的教学效率，挑战了传统的教学模式，推动了传统教育模式的转变。

### 1.网络教育能够培养学生学习的自主性

在线教学回归学生的主动性。网络教育依赖于互联网巨大的信息容量、强大的信息处理能力和生动的教学互动，调动学生学习的积极性，增强学生的主体意识，培养学生的自主学习能力。学生可以使用网页技术、Flash 动画、Word 文字处理、PowerPoint 幻灯片制作、Excel 电子图表、访问数据库和其他技术手段收集、完成、消化网络上的学习信息，表达并在各种媒体显示你自己的观点和结论。在基于网络的学习环境中，当学生和教师、信息资源、学习资料、学习伙伴互动时，学生有意识地进入自学和探究学习的状态。

### 2.网络教育能够培养学生学习的创造性

现代信息技术将文本、图片、声音、图像与其他教学信息有机地结合起来，让学生积极参与到教学过程中，并主动学习相关知识。特别是，网络强大的交互功能允许学生大量地获取知识和方法，通过参与在线讨论、自我检测、模拟实践等获取经验，并积极构建自己的知识系统，利用各种学习资源实现学生自身的创新意识，并培养其创新能力。

### 3.网络教育能够培养学生学习的协作性

协作学习是一种先进的教学方法，与现代教育理念相一致。通过协作沟通，学生将获得更开放的学习思路、更多的学习方法、更智能的培训和更高的学习效率，对学习内容有更深入的了解。在线教学不仅可以建立一对一、一对多、多对多连接，还可以与国内外知名专家和教授进行交流。学生使用网页浏览器、电子邮件、网络论坛等信息渠道与学生或教师就相关主题进行交流，分配任务和信息资源，讨论并解决问题，在协作沟通中建立更多信息联系渠道。

### 4.网络教育能够丰富传统教育的教学内容

网络教学的一大特色，就是将过去传统的、静态的书本教材转变为具备图、文、声、像的动态多媒体教材，将抽象的概念和理论以形象的、易于接受的形式展现给学生。同时，通过互联网络和非线性链接、跳转等功能，可以将教学内容从书本扩大到更大的范围，大大丰富和拓展书本的知识，使学生在规定的教学时间内学到更多的知识。

### 5.网络教学能够改变传统的封闭式教学环境

传统的课堂教学模式对人力资源的投入有较高的要求，受时间和空间的限制。这限制了教师和学生、学生和学生之间的互动。网络教学是一种基于计算机网络的新型教学系统。它打破了单一课堂教学形式，取而代之的是课堂学习、在线交流、协作学习这一组合教学模式。同时，网络教育实现了课堂的对外开放，以其丰富的教学资源、先进的教学技术和良好的教学效率，挑战了传统的教学模式，促进了传统教育模式本身的转变。

## 二、大学生心理健康教育的新内涵

2001年，教育部在《关于加强普通高等学校大学生心理健康教育工作的意见》中明确提出，要重视大学生心理健康教育，培养高校大学生良好的个性心理品质，完善和健全心理健康教育体系。网络时代下，信息技术在大学生心理健康教育中的运用丰富了心理健康教育内容。第一，互联网信息技术为高校大学生心理健康教育内容的丰富提供了技术支持。高校可以借助大数据、云技术等手段对高校心理健康教育资源进行充分收集、整理及整合，进一步缩短师生对于教育资源的搜索时间、降低搜索难度。同时，高校还可以以电子图书馆的形式对相关资料进行归档，促进大学生完善心理学知识脉络，提升大学生的学习效率。第二，网络信息技术丰富了高校心理健康教育资源的呈现形式。网络信息技术在课堂文本形式之外，提出了新的视听结合形式，学生可以借助网络信息技术，通过短视频，以及动画的形式了解相关心理健康教育知识，推动大学生心理健康教育资源的多元化。第三，互联网信息技术可以促进心理健康教育内容线上线下相结合。这对于大学生实际知识储备的丰富，以及心理健康教育质量的提升具有重要意义。

# 第二节　网络时代大学生心理健康教育模式创新的意义

## 一、网络教育对大学生心理健康教育的意义

### （一）网络教育拓展了大学生心理健康教育的平台

互联网具有开放、高速运行的特点，使大学生可以利用互联网来学习他们感兴趣的心理知识。根据他们的实际情况，选择参加心理健康论坛并接受在线心理健康咨询。心理健康网络教育突破了传统的心理健康教育模式，为大学生提供了更广阔、更自由的学习和交流场所，极大地拓展了大学生心理健康教育的平台，提高了心理健康教育的

有效性；能够及时积极地理解和解决自己的心理问题和心理障碍，并选择需要的心理健康教育。

## （二）网络教育丰富了大学生心理健康教育的信息资源

开展大学生心理健康教育，不仅要有经验丰富的专业心理健康教育教师，更重要的是要有丰富的心理教育信息资源。网络信息不仅包括心理学知识，还包括社会生活的各个方面。如此丰富的信息为大学生心理健康教育提供了无穷无尽的教育资源。在线教育中，通过文本等众多媒体的有机结合，充分激发了学生的视听感受，将心理健康教育从原始的无聊理论转变为生动的教学活动。通过互联网，大学生还可以了解心理学中的各个流派，并整合优势资源，形成大学生心理健康教育的协同作用。大学生可以通过网络阅读心理学教师和专家对各种心理案例的分析，学习和锻炼自我解析、解决问题的能力，并通过网络和心理健康教育者进行直接沟通和对话，围绕自己的感受讨论感兴趣的话题，可极大地增强大学生心理健康教育的辐射面和吸引力。[1]

## （三）网络教育提高了心理健康教育的效率

互联网时代的核心精神是自由、平等、开放。在网络环境中，学生与教师之间的关系没有限制。人与人之间有着平等的相互关系。这迎合了大学生追求自由、民主、平等的心理特征，有利于提高大学生学习心理健康知识和进行自我心理健康教育的积极性。心理健康教育网络模型与

---

[1]杨紫涵.网络时代大学生心理健康教育的路径探索与创新[J].新丝路（上旬）,2020(11):213.

传统心理健康教育模式的区别在于，心理健康教育网络模型中最突出的思想观念是学生是主体，大学生根据自己的心理需求和兴趣寻求心理学家和教师的教育和帮助，而不是被动地接受心理学理论知识的灌输。他们利用互联网通过电子邮件、微信、QQ等与专家进行交流和沟通，充分体现了心理健康教育"自我教育"中"自我帮助"的本质特征，切实提高大学生心理健康教育的效率。

（四）网络教育提高了大学生心理健康教育的预见性

在传统的心理健康教育模式下，社会上很多人对心理问题群体存在偏见，特别是对大学生特殊群体，由于缺乏正确的心理健康教育指导，大学生心理发展的情况处于封闭状态，许多大学生不愿在通常的心理课堂或心理咨询室充分暴露他们的内心感受，这将使许多心理学教师或专家无法深入全面地了解大学生的真实心理状态。然而，在网络世界中，网络自身虚拟和匿名的特征使大学生能够隐藏自己的真实姓名和身份，去除日常生活中的面具，毫无顾忌地表达自己的想法，揭示自己的内心混乱和各种苦恼，甚至是扭曲、变态的心理，通过自己的言论获得灵魂的释放与平衡。心理健康教育者可以更准确、更及时地通过网络了解和掌握大学生的心理动态，并进行有针对性的分析和研究，开展更有效的心理健康教育活动。

## 二、构建大学生心理健康教育网络模式的必要性和迫切性

（一）时代的迫切需要

大学生的许多心理问题的产生，从更深层次分析，始

终密切关系到某种社会文化背景、环境因素。当代大学生处于社会变革的关键时期，科技信息技术发展迅速，社会变迁日益频繁，社会环境日趋复杂，加剧了大学生思想观念和行为方式的变化。

在瞬息万变的现代社会中，快节奏的生活和残酷的竞争给大学生的心理带来了巨大的压力和冲击。因此，加强大学生心理健康教育势在必行。然而，传统的大学生心理健康教育模式已不能满足心理健康教育的时代需要。传统大学生心理健康教育主要是根据学生的心理发展特点和生理特点，结合教育学、心理学相关知识和理论，通过心理咨询及其他与心理健康教育相关的方法和方式，帮助大学生学会解决自身成长过程中遇到的心理问题，促进学生心理素质的提高和心理功能的健康发展。传统大学生心理健康教育模式的基本形式是渗透到教育教学的全过程，主要是建立专门的心理健康课，开展心理咨询和辅导活动，主要是基于教师的教学。这个过程已经成为一个纯粹的"知识继承"过程。虽然可以让学生在短时间内系统掌握心理学的理论和概念，但这种模式忽视了学生独立学习和提高心理健康的主动性。教育过程已成为教师表演的舞台，学生成为受众。由于其处于相对被动的状态，很难达到更好的教学效果，在心理健康教育中培养创新人才更是不可能。然而，基于网络环境下的心理健康教育模式不仅继承了传统教学模式中教师指导作用的优势，而且通过在线教育平台为学生提供了丰富的心理健康学习资源，克服了传统教育创新不足的缺点，加强了对学生自主学习能力和创新思维的培养。

因此，利用网络的灵活性、生动性和互动性，发展大学生心理健康网络教育平台，引导大学生在平等、开放网络环境中形成健康的道德情操，确立大学心理健康网络教育的主体地位对于大学生心理健康的发展具有深远的意义，是时代发展的必然要求。

（二）全面推进素质教育和培养全面发展创新人才的迫切需要

高校肩负着培养现代社会高素质人才的重要使命，大学生心理健康教育是影响高校人才培养成功的重要因素之一，而大学生网络心理健康教育对提高大学生整体心理健康水平起着关键作用。所谓高素质人才，不仅要具备良好的文化素质和身体素质，还要有良好的心理素质。良好的心理素质直接关系到人的素质，直接影响到人才的培养和发展。因此，良好的心理素质是成为高素质人才的重要基础。许多职业失败、生活遭受挫折的人并不是因为他们的能力和素质不足，而是因为他们的心理意志薄弱，不会知难而进。心理素质在获得或形成人类基本素质方面起着关键作用。由于良好的心理素质是培养其他素质的基础，可以促进其他素质的形成，因此大学生心理健康教育越来越为社会所重视。大学生心理健康教育是全面推进素质教育，培养创新人才的需要。在网络时代，大学生心理健康教育需要不断创新，与时俱进。充分利用网络优势，建立网络教育平台，提高大学生心理健康教育效率，使大学生的素质和能力全面发展。因此，重视和加强大学生网络心理健康教育是推进素质教育与时俱进的必然要求。

（三）以人为本，满足学生成长成才的迫切需要

以人为本是构建大学生心理健康教育网络模式的核心

理念。以人为本的大学生心理健康教育网络模式是提高大学生心理素质、提高学生心理健康水平、培养学生健全人格、促进学生全面发展的需要。

构建以人为本的大学生心理健康教育网络模式符合现代教育理念。根据现代教育理论，教育的核心问题是人的问题。这里的"人"绝对不是一个抽象的概念，而是感性的、真实的人。在教育中，人类问题的本质应该是关于人们如何存在、如何生活、如何探索和建构其生活。从这个意义上说，大学生心理健康教育网络模式构建的灵魂在于大学生的关注，以大学生为基础，并且要融入大学生的生活、成长、成才的每一个环节之中。

构建以人为本的大学生心理健康教育网络模式是培养高素质人才的迫切要求。高等教育机构肩负着培养现代高素质人才的重要使命，构建大学生心理健康教育网络模式对提高大学生整体心理健康教育效果起着重要作用。一个人最基本的品质是心理素质，它渗透到其他品质中，对其他品质的发展产生影响和制约。从人们学习的角度来看，心理健康是学习的基础。作为现代社会的年轻人，如果没有健康的心态，没有强大的心理承受能力，就很难在社会上立足。因此，高校应站在时代发展的高度，遵循科学发展观的要求，构建以人为本的大学生心理健康教育网络模式，做好心理健康教育，促进学生全面发展。

构建以人为本的大学生心理健康教育网络模式是大学生健康成长的迫切需要。从发展心理学的角度来看，大学生处于成年生活的开始阶段。在此期间，大学生将逐步完成从青年到成人的过渡和转变，以建立自己稳定的人格结构；在心理上和经济上，他们将逐渐脱离对父母和家庭的依赖，从而走向成熟和独立。在成年的早期，大学生将面临各种发展机会以及各种生活问题。如何应对挫折和困难、如何适应社会环境、如何调整人际关系、如何改变不良心态等，这些问题必然会给大学生带来各种矛盾和困惑，如悲观、失望、喜悦、兴奋等情绪将随着大学生的成长而存在。高校必须认真分析影响学生心理健康发展的各种因素，并主动关注学生的心理健康，努力提高学生的心理素质，构建积极高效的大学生心理健康教育网络模式。

**（四）加强和改进大学生思想政治教育工作的迫切需要**

在高校德育工作中，大学生心理健康教育工作是重要组成部分之一，是加强和改进大学生思想政治教育工作的重要任务。2001年，教育部在《关于加强普通高等学校大学生心理健康教育工作的意见》中明确指出，加强大学生心理健康教育工作是高等学校德育工作的重要组成部分，心理健康教育在高校德育中的地位首次以教育部文件的方式得以确认。2005年，教育部、卫生部、共青团中央下发了《关于进一步加强和改进大学生心理健康教育的意见》（教社政〔2005〕1号），明确指出："加强和改进大学生心理健康教育是新形势下全面贯彻党的教育方针、推进素质教育的重要举措，是促进大学生健康成长、培养高素质合格人才的重要途径，是加强和改进大学生思想政治教育的重要任务。"2021年，教育部办公厅发布《关于加强学生心理健康管理工作的通知》（教思政厅函〔2021〕10号），指出"加强源头管理，全方位提升学生心理健康素养；加强过程管理，提升及早发现能力和日常咨询辅导水平；加强结果管理，提高心理危机事件干预处置能力；加强保障管理，加大综合支撑力度"。

心理健康教育和思想政治教育分属于两个独立的学科，心理健康教育主要是运用心理学的专门知识和技术，解决心理问题，维护心理健康；思想政治教育则主要诉诸人们的思想实际，帮助人们树立正确的世界观、人生观、价值观，树立崇高的理想和坚定的信念。虽然两者的工作侧重点和具体的操作方式都存在一定的差别，但随着网络时代的来临，网络在两者中的广泛运用，使得两者的关系逐渐紧密起来，形成了相互依赖、相互促进的格局。实践表明，大学生良好思想政治品质的养成和健康心理的形成有着十分紧密的联系：一方面，良好的思想政治品质是塑造健康心理的基础，个性心理发展的方向要受到主体思想的支配；另一方面，好的心理状态是接受思想政治教育的前提，个体的思想养成受其心理发展的影响和制约。也就是说，外在的思想政治教育能否内化为大学生的自身需要，主体的自我意识、情感、性格等心理素质和心理状态起着决定和调控作用。然而，这种思想政治教育内化所需要的心理基础，不是思想政治教育自身所能完成的，它需要心理健康教育的支持和协助。研究表明，人们的思想意识、道德品质问题与心理问题往往同时存在，心理问题和思想问题经常是你中有我、我中有你，解决思想问题必须与解决心理问题结合起来。因此，在对大学生开展心理健康教育的过程中，可以同时对大学生进行思想政治教育，发挥心理健康教育的德育功能。

大学生心理健康教育网络模式的构建，是有效提高心理健康教育实效性的重要技术手段，属于心理健康教育模式的拓展应用，所以构建大学生网络心理健康教育网络模式同样与思想政治教育工作紧密联系，是高校德育工作的重要组成部分，这就必然要求在加强和改进大学生思想政治教育工作中重视和加强大学生心理健康教育网络模式的构建。

# 第三节　网络时代大学生心理健康教育模式的创新发展

## 一、大学生心理健康教育网络模式构建创新的目标

大学生心理健康教育网络模式的构建创新应树立以大学生为本、为学生服务的思想，充分发挥网络教学资源的优势，创建有利于大学生心理健康教育和创新能力培养的多样化的网络教学模式。尤其是心理健康教育网站的建设必须有明确的目标，以利于保证心理健康网络教学活动的顺利进行。

心理健康教育网络模式构建创新的目标，就是将网络作为信息载体，占领大学生思想政治教育网络阵地，在网络中利用大学生广泛接受的方式，将有利于大学生心理健康发展的信息通过网络方式传递给大学生，消除消极心理对大学生的负面影响，从而引导大学生拥有良好的心态，正确面对自我，提高心理素质。

## 二、大学生心理健康教育网络模式构建创新发展的原则

### (一) 实效性原则

#### 1.针对大学生自身特点,提高网络教育效果

大学生是一群年轻人,他们积极思考,充满对外界新事物的好奇心,自我意识已达到很高的水平。在评估社会事物时,他们都追求个性和创新。网络教育是开放的,是所有大学生心理健康教育的网络平台,但每个人的认知水平、精神意志、道德情绪不平衡,对生活和社会的态度是不同的,如果面对这样一个群体来实施同样的教育,效果肯定不好。因此,有必要设置多样化的教学内容,丰富心理健康教育的方法,使大学生的真实观念在网络教育的空间发挥,使他们愿意接受和关注心理健康教育。[1]

#### 2.克服网络教育弊端,开发网络教育优势

与传统教育相比,在线教育具有资源丰富、覆盖面广、开放性、自主性强等诸多优点,同时也存在弊端。第一,缺乏有效的管理和学习效率低。大学生上网的时间基本上由他们自己控制,大多数时候是娱乐和游戏,花在学习上的时间很少。由于心理健康教育在网页设置中理论上更为强大,这些往往会使大学生忽视甚至排斥,学习效率也很差。这也是从事大学生心理健康教育的教师的困惑。第二,缺乏情感交流,使用在线教育技术进行心理健康教育需要强调沟通,包括教师和学生之间的沟通、学生与学生之间的沟通。因为心理健康教育毕竟是一种思想教育,精神沟

---

[1]杜梦红.网络时代大学生心理健康教育模式的转变分析[J].年轻人,2020(06):206.

通是必不可少的。因此，大学生心理健康教育网络模式必须充分发挥网络教育的优势。一方面，教学表达的内容不能是简单的图表和枯燥的单词，而应该与生动的图像和声音相结合；另一方面，为学生提供交流思想的平台，使学生在学习心理健康知识的过程中不再只是被动地看和听，而是自由参与实际的讨论，这也让教师能够获得教学反馈，方便指导和帮助学生。

### （二）主体性原则

网络教育模式依赖于互联网作为高级信息存储、传送介质，它在提供创新学习环境和创造学习条件方面具有独特的优势，必须充分利用它，使大学生能够在教师的指导和帮助下创造性地学习，提高创造力，塑造个性。同时，要尊重大学生的主体意识和心理接受机制，开展知识竞赛、网络辩论等活动的互动环节，一方面满足大学生求新的心理需求，另一方面提高大学生参与心理健康教育的热情。此外，还可以通过提供教师和学生个人主页、博客、BBS、电子邮件、QQ 群，丰富大学生心理健康教育的网络平台。教师使用这些方法与学生交流思想，了解学生的真实想法，并针对所发现的问题和思想倾向提供有针对性的指导；为个别学生的具体问题提供个人指导和帮助，并实施个性化的心理健康教育。

### （三）整体性原则

在普通教育中，整体性原则强调从全局视角把握整个教育的环节和过程。大学生心理健康的网络教育模式也应遵循这一原则。心理健康教育是一个系统工程，它有不同层面、不同对象的内容。面对复杂多变的社会，面对不同的个体、群体，我们的心理健康教育网络模式，既要具有针对性的措施，也要从心理健康教育的整体上进行把握，对心理健康教育的内容、实施等从整体上进行规划部署。在这里，应从时间维度和空间维度两个方面把握大学生心理健康教育网络模式的整体性原则。

1. 时间维度上注重心理健康教育的终身制

关注教育的全面可持续发展是教育的重要目标。作为一项系统工程，大学生心理健康教育网络模式应着眼于实施网络教育过程中心理健康教育的目标，进行分阶段、有计划的总体规划。对大学生心理健康网络教育进行具体分解、具体实施，及时搜集学生对互联网教育的反馈意见，并作出相应调整，才能真正实现大学生心理健康网络教育的目标，达到教育的效果。学校期间的心理健康网络教育应从入学、学习、毕业到就业的各个阶段，根据学生的身心发展规律和全面发展的需要，分别建立心理健康网络教育版块。网络教育平台将人生观教育、价值观教育、思想教育与学生职业生涯规划联系起来，使学生实现健康成长。同时，将大学生心理健康网络教育与家庭和社会教育联系起来，如建立网上父母邮箱，与家人建立网络心理互助机构，了解学生的心理状态。对家长和学生提出的问题进行解答，帮助学生解决他们的心理障碍。通过这种方式，让学生养成关心自我心理发展、及时解决自身心理问题的习惯，在整个心理健康网络教育的时间维度上实现终身心理健康教育。

2. 空间维度上注重心理健康教育的全方位发展

开展大学生心理健康网络教育，不仅要发挥学校的积极引导作用，还要积极开发、利用家庭和社会的教育资源。在大学生心理健康教育网络平台上，实施在线课程教学、在线心理咨询、在线心理论坛等教学活动。同时，通过家长、社区等途径，开展网上心理健康教育讨论，积极探讨大学生心理健康教育的方法和经验，让学校的专家和教师通过网络指导家庭和社会培养学生健康的生活习惯、与人和睦相处的技巧和积极的生活态度，让父母和其他社会成员通过互联网反映心理健康教育的效果和自身意见，从而构成一个共同的心理健康教育网络，实现大学生心理健康教育的全面发展。总之，要根据新形势下大学生的特点，积极探索和创新纵向衔接、横向联系，学校、家庭、社会沟通，课堂教育，环境熏陶，社会实践相互补充的人性化的心理健康教育网络模式，为帮助大学生健康发展而不断努力。

（四）发展性原则

人类的生存是一个无止境的完善和学习的过程。人的生命成长是不断追求人生意义，全面、均衡发展的过程。心理健康教育的目的是促进个体生命的全面发展。所谓全面发展是个体生命和身心各方面的发展，它是基于个人内在潜力的个性发展。这种人格发展优势反映了个体主体素质的积极发展，是个体的内在要求，而不是外在的强迫和压制。这种发展是生命价值的体现和超越，应该有明确的方向和动力。心理健康教育网络模式要帮助学生掌握必要的生存技能，提高他们识别和感知事物的能力，培养学生的自信，同时学会尊重、感谢和关心他人，建立积极的人生观，健康自如地成长。为实现个体全面发展的目标，心理健康教育网络模式还必须依靠网络技术进行大学生预防性教育和干预性教育。有一个合理的、有效的干预机制是促进大学生心理健康发展的重要条件。

## 三、大学生心理健康教育网络模式的设计

### (一) 大学生心理健康教育网络模式的构成要素

接受主体: 即接受者, 在心理健康教育活动中指的是接受心理健康教育的大学生及其群体。接受主体是人, 但不等于人。人并不总是活动的主体。只有通过自己的能动性, 在一定的关系中获得对客体的主动态势, 并取得主导地位并发挥积极作用的人, 才可以被视为某种关系中的主体。在实践中, 接受者成为主体的原因在于接受者的实践活动。从根本上说, 它是主体活动与活动对象的关系。在大学生心理健康网络教育活动中, 大学生及其群体是现实的、生动多样的, 具有鲜明的心理接受特征。接受主体主要是指受教育者, 即大学生。接受主体的接受活动由注意信息、保持信息、接受信息、心理内化、改变认知、影响行为六个环节构成。接受活动的流程, 即受教育者的视觉、听觉响应外界的教育信息, 然后在大脑中进行长时间的筛选, 并有选择地接收来自外部世界的信息。在接受信息后, 将心理学中的行为内化, 逐渐将自己认同的新观念与过去的想法重新组合成一个具有持久性的新系统。通过接受主体内化而形成的新思想体系将导致接受者的态度发生变化, 从而影响接受者的行为。这六个环节相互作用并且密切相关, 构成了接受者的心理接受活动。

接受对象: 大学生的心理健康教育作为接受主体的主观活动, 总是收到接受客体的信息。接受的对象是外部世

界的心理健康教育信息，其中客观存在并与接受主体相关联，并被纳入大学生心理健康教育系统的网络结构系统。在大学生心理健康教育活动中，接受客体是由接受主体根据自己的接受模式和接受能力有选择地进行的。设定以外的对象不是接受客体。接受客体是一个复杂的系统。一方面，接受客体有更严格的规定，并且有许多组成因素和属性，其对于接受主体的意义是不同的。另一方面，每一个接受主体都有自己不同的接受方式和接受能力。当面向同一个接收对象时，它将有选择地从不同的角度接受客体。接受客体决定了教育的内容，主要包括六个方面：自我意识教育、学习心理教育、个性心理教育、人际交往心理教育、恋爱心理教育、择业心理教育。

接受中介：从哲学层面来说，它指的是相互关联和转化的事物之间的条件或中间环节。马克思主义哲学认为，世界上的一切事物都是相互联系和相互转化的。这种联系和转化只能通过某些中间环节和条件来实现。在大学生心理健康教育网络模式中，接受主体和接受客体作为接受活动的两极具有一般联系的特征。在这两者之间，有一个中介系统，我们称之为接受中介。它将接受主体和接受客体联系起来，使它们相互作用、相互联系，从而实现大学生的心理健康教育。在大学生心理健康教育的网络模式中，接受中介是一个由多个要素组成的校园网络系统，教育者在接受中介中占主导地位。心理健康网络课程、在线心理咨询、在线心理测试、在线论坛、网络心理互助相互作用，构成了接受中介的主要内容。

## （二）大学生心理健康教育网络模式创新发展的教育内容

### 1. 自我意识教育

自我意识是一个人对自己的认识和评价，包括对自己心理倾向、个性心理特征和心理过程的认识和评价。正是因为人们具有自我意识，才能控制和调节自己的思想和行为，从而形成自己完整的个性。

自我意识是一个人对其心理和身体状态以及他与客观世界的关系的意识。自我意识包括三个层面：对自己及其状态的理解；了解自己的肢体活动状况；了解自己的想法、情绪、意志等。自我意识不仅是人类大脑对主体本身的意识和反映，也反映了人与周围现实的关系，尤其是人与人之间关系的制约和影响。因此，自我意识是人类独特的反映形式，是人类心理的一个主要特征。

自我意识在个人发展中起着重要作用。第一，自我意识的存在是认识外部事物的基础。如果一个人不了解自己，也无法将自己与外界区分开来，他就不会对外界有一个正确的认识。第二，自我意识能够有效地促进自我教育，也是形成人类自我控制意识的前提条件。人应该先意识到自己是谁以及在他们有行动的方向和动力之前应该做些什么。一个意识到自己优势和劣势的人将帮助他发展自己的优势，克服缺陷，并在自我教育中取得积极效果。第三，自我意识是改变自身主观因素的途径。它使人能够在不断的自我监督和自我修养中提高自己。可以看出，自我意识影响着人的个性和道德判断的形成，尤其是对个性的形成更加重要。

## 2.学习心理教育

学习心理是人类或动物在经验或实践影响下的心理和行为变化过程。学习心理的教育是基于学生的学习本质，从学生的学习过程、思维方式、行为方式、生理机制、学习类型、认知理论、信息处理、记忆原理、学习策略、学习技巧、学习迁移等领域进行研究，运用学习心理学的理论和方法，从根本上解决学生的学习和行为问题，达到科学学习的目的。

## 3.个性心理教育

个性是一个多层次、结构复杂、内容繁多的概念，既包含社会学的概念和内容，也包含生理学的概念和内容。就内容来说，有积极向上的，也有消极堕落的。个性心理问题的研究和了解，不仅有心理学、生理学、神经生理学的意义，当前更重要的是社会学的意义。现代社会中，特别强调人性、人本，而人的品质中最重要和最关键的是个性心理。例如，一场体育比赛中，双方实力相当，如何在比赛中胜出，不仅仅是要有狭路相逢勇者胜中的"勇"，更重要的因素，是要有稳定的心理素质。如今各级学校已经把心理素质教育纳入重要的教育课程，而大学生入学后被学校考察的第一项便是个性心理测试，在各种用人单位的招聘标准中，心理测验已经成为不可或缺的一部分。这就是说，个性心理的品质如何是当前社会极其重视的一个课题。

## 4.人际交往心理教育

社会交往能力是指妥善处理组织内外关系的能力，包括建立与周围环境的广泛接触和吸收、转换外部信息的能力，以及正确处理上下左右关系的能力。人际交往是大学生促进自身心理健康发展的重要途径。

第一，人际关系影响大学生的身心健康状况。大学生处于青春期，人际交往的愿望非常强烈，每个人都渴望真诚友爱，每个人都在努力通过人际交往来获得朋友和友谊，从而满足他们的精神和物质需求。但是，面对新环境，大学生还必须考虑到紧张的学习和生活，使一些学生因此导致心理矛盾的加剧。在这个时候，积极的人际交往和良好的人际关系可以使人快乐，充满自信，并保持健康向上的生活态度。通过专家调查和分析，如果一个学生有良好的人际关系，那么他的性格大多是开朗的，待人的态度是热情的。他能正确地调节学习与生活的矛盾，迅速适应大学生活，正确认识和处理社会各种现实问题，形成积极向上的品质。相反，如果学生缺乏积极的人际交往，那么他就会变得心胸狭隘，自私自利，更容易在精神和心理上形成巨大的压力，无法正确认识和对待自己及他人，甚至导致病态心理的发展。如果不及时疏导，就会形成恶性循环，严重影响身心健康。

第二，人际交往会影响大学生的情绪和情感变化。在青年发展时期，大学生在生理、心理和社会化方面逐渐成熟。在这个过程中，如果遇到不利因素的影响，很容易产生紧张、恐惧、焦虑、愤怒等负面情绪，使大学生的正常学习和生活受到影响。良好的人际关系可以提供和谐的、友好的人际环境，使大学生的负面情绪得到发泄和控制。

第三，人际交往影响着大学生的精神生活。大学生有丰富的情感，除了深入学习外，他们还需要与他人进行情感沟通，相互讨论生活和理想，并谈论他们对生活的态度。

实现这一目标的最佳方式是人际交往。通过人际交往，大学生可以找到归属感和安全感，也可以满足大学生的友谊需求，可以更真实、更深刻地欣赏自己在集体中的价值，并对他人和集体产生依恋和亲密感情，从而获得充实、快乐的精神生活，促进身心健康。

### 5.恋爱心理教育

大学生恋爱心理是指大学生在生理、心理能量、环境的共同作用下，所表现出来的对异性的求知、接近、进行恋爱、追求爱情等行为，以及由此产生的各种心理现象。今天的大学校园爱情已成为一个热门话题，一些高校甚至将恋爱列为大学必修课程之一。爱情是一种特殊的人际关系，它是一种强烈而美好的人类独特的情感。这是一对基于某些客观物质条件和共同生活理想的男女形成的真挚爱慕，并渴望成为彼此终身伴侣最强烈的情感之一。作为当代青年大学生，应该从以下几个方面努力，培养健康的恋爱心理和行为：①树立正确的爱情观，提倡志同道合的爱情，摆正爱情与事业的关系，明白爱情是一种相互理解、相互信任，是一种责任和奉献；②有健康的恋爱行为，恋爱言谈要文雅，行为大方，恋爱过程中要平等相待，相敬如宾，还要善于控制感情，理智行事；③培养爱的能力与责任，包括接受爱的能力、拒绝爱的能力、发展爱的能力。

### 6.择业心理教育

大学生的职业选择是一个极其复杂的心理过程。它不仅受到社会、家族等许多外部因素的制约，而且还受到自身心理的限制。它集中反映了社会环境、群众舆论、个体心理。近年来，随着国家就业政策和社会经济的不断发展，高校毕业生就业制度改革也在不断深化。面对日益尖锐的就业矛盾、日趋激烈的社会竞争，大学生思想日趋成熟。然而，在具体的职业选择过程中，少部分大学生的择业心理却呈现出各种幼稚的、不成熟的表达，主要包括焦虑、自卑、盲从、悲观等心理状态。当大学生在就业过程中遇到不可避免的挫折时产生矛盾心理是可以理解的。然而，若这种心理障碍一直困扰着大学生，将极大地影响大学生的职业选择和未来的工作，甚至造成心理和生理上的障碍。因此，有必要加强大学生心理健康教育，有效地帮助大学生解决遇到的心理矛盾和冲突，消除心理困扰，增强心理承受能力，克服就业心理障碍，以良好的心态去求职。

### （三）大学生心理健康教育网络模式的实施路径

#### 1.开设心理健康知识网上课程

针对大学生身心发育的特点，充分发挥网络媒体的作用，建立大学生心理健康教育知识体系，开设心理学课程，普及心理健康知识，举办心理健康讲座。通过文字、图形、音频、动画、视频等形式的有机结合，向学生介绍心理健康的基本知识，教授心理调节方法，让大学生了解心理健康的重要性，帮助他们更好地了解自己的内心世界，找到适合自己的心理保健方法，培养健康的心理状态。

#### 2.网上心理咨询

在互联网上开展心理咨询活动，是以校园网为媒介，运用各种心理学理论和方法，以合理的方式指导大学生解决自己的心理问题。在线心理咨询主要针对在现实生活中存在心理困惑的学生，这些学生必须有共同的特征，即他们希望寻求帮助，但由于某种原因，他们不愿意直接寻求心理专家或去咨询室进行治疗。在线咨询方法对咨询者保密，可以消除大学生的心理顾虑，帮助大学生敞开心扉，使心理咨询工作顺利进行。因此，许多大学生更愿意在隐藏的网络环境中向心理学专家和老师寻求心理援助，在专家和教师的指导下，缓解心理上的紧张和冲突，解决自己的心理疑惑，保持心理健康，更好地适应生活和学习。

### 3.网上心理测验

第一，进行网络心理健康调查，积累心理资料，科学确定大学生心理问题的特点和类型，为研究大学生心理发展规律、开展心理咨询提供科学依据。大多数传统的心理调查都使用书面问卷等方法，但这种调查费时费力，在线心理调查比传统的调查方法（如书面问卷调查）更方便、快速、高效且可降低成本、节省资源。通过网络对大学生进行心理调查，了解其基本心理特征、需求，可以有效、及时地发现大学生的心理问题及其心理问题的特点和严重程度，从而提高心理教育工作的针对性和有效性。

第二，建立网络心理测试系统。网络心理测试是心理学家根据某些心理过程，使用某种心理学理论，将人们心理特征量化的过程，可以对贯穿于人的所有行为活动的心理特征做出某些推论和定量科学分析。心理测验的主要目的是全面了解大学生的心理健康状况，建立大学生心理健康记录，让学生了解自己的心理状态，自觉注重自我训练，使他们的心理素质不断提高。根据大学生自身的特点，在线心理测试至少应包括学习、人格、交往、挫折等。网络心理测试应结合科学性和趣味性。科学性是指心理测试的准确性和可靠性，应根据心理健康标准设计试题。趣味性是用各种形式吸引学生参加心理测试，可以通过一些图片或动画故事甚至游戏设计一些心理测试，以便学生可以在轻松的心态下进行心理测试，达到正确反映学生心理健康状况的目的。

4.网上心理论坛，开展专题讨论

建立校园网络论坛，针对市场经济、知识经济条件下的社会热点、焦点心理问题，结合大学生心理健康教育的现状和大学生面对心理困惑时应采取的应对方法等具体案例，让学生讨论并倡导大学生注重心理健康教育。营造良好的个性和人格健康发展氛围，邀请有关专家学者参与讨论，积极引导大学生心理问题。大学生都是同龄人，同样的生活经历使他们面临同样的人生问题。因此，他们的心理发展所产生的问题也大体相同，对大学生中常见的问题通过网络交流、讨论可以一起解决。

5.网上心理互助

学校应充分利用计算机网络的交互性，制作专门的校园网虚拟社区，作为老师、学生与家长进行相互交流的场所。虚拟社区可通过不同的论坛，将教师与学生、家长有机地联系在一起，通过对某一个求助者的心理问题，共同探讨解决方法，以教师、同伴、家长支持的方式进行，既可以使求助者获得支持和帮助，同时也使得其他学生通过思考、讨论，获得问题的解决方式，这种讨论较为自由、宽松，不受时间和地点的限制，教师、学生、家长都可以随时上网对论坛中其他学生的心理问题或观点发表自己的意见。这样，不仅提高了学生参与心理教育的热情，也使一些学生在活动中对自身、社会有了更多的认识，其效果是常规心理交流无法达到的。

## 四、大学生心理健康教育网络模式创新发展的运行

### （一）大学生心理健康教育网络模式的运行分析

大学生心理健康教育网络模式的构建与运行由接受主体（大学生）、接受中介（校园网络平台）和接受客体（心理健康教育内容）组成，通过方案实施、信息反馈、方案调整三个环节的有序循环，有效地促进了接受主体、接受中介和接受客体之间的相互联系、相互作用、相互影响，形成了教育由物理过程向心理过程的转化。接受主体通过注意信息、保持信息、接受信息、心理内化、改变认知、影响行为最终实现教育目标这样一个循序渐进的接受过程，表现出相应的外化行为。从而形成一个良性循环的整体运行机制，最终实现心理健康教育的目标。

### （二）大学生心理健康教育网络模式中大学生的心理接受过程

#### 1.注意信息

信息注意分为两类：一类是外部刺激引起的结构性注意，另一类是人的主观状态引起的功能性注意。反应的强度是由两个因素引起的，一个是外部刺激的强度，另一个是所需的拟合程度。因此，在实施大学生心理健康网络教育的过程中，需要注意和关注两个主要因素，并根据实际情况调整两个主要因素之间的比例关系，以便实现合理的外部刺激和内需的切合，实现教育效果优化。

#### 2.保持信息

人们对信息的普遍关注通常持续很短的时间，而对感

兴趣的信息则会保留较长时间。为了保持信息，除了接受者自身的兴趣外，持续强化和持续刺激也是一个重要方面。因此，在大学生心理健康网络教育的过程中，有必要通过各种网络渠道和方法不断强化教育内容，使受过教育的人能够长期关注教育内容，为随后的接受与内化奠定良好的基础。

3. 接受信息

接受信息的过程包括信息解读、信息筛选和信息整合。这个过程是实现教育目标的重要环节。只有接受教育内容，才能通过后续努力将其内化为自己的一致价值观或价值取向。信息的解读包括两个方面：一个是对信息传递源的意图性解读，另一个是对思想信息与自身关系的解读。在教育过程中，必须让学生了解教师的心理健康教育意图，同时让学生明确心理健康教育对自身发展的重要性。对于信息的筛选，由于被教育者因其不同的思维习惯而有自己的筛选程序，不能在实施心理健康教育活动的过程中一概而论，但应该掌握不同学生接受信息的不同方式，因材施教。信息整合是基于信息化的发展趋势，根据自身发展的需要，对信息资源的分配和共享，进而实现信息资源配置最优化、拓宽信息资源应用领域和最大化挖掘信息价值的接受过程。

4. 心理内化

心理内化是将外在教育理论转化为个体内在价值取向的必然过程，也是个人学习外部理论知识，形成符合社会需求和个人发展的理论取向的唯一途径。现代认知心理学的研究表明，任何信息的获取都必须通过主体对外部输入信息来进行，以进行不同层次的心理转变。根据信息本身的特点和联系，人们在头脑中进行一系列的认知活动，新的信息被调用到学习者原有认知结构中，并建立一种新的认知结构。可以看出，心理内化是制约教育效果的重要因素之一。

### 5.改变认知

被教育者在接受了教育内容并内化为自身认知结构的一部分以后，就会逐步改变以往的认知结构，开始按照新的认知来理解和对待周围的人和事物。当大学生树立正确的价值观后，必然会呈现出与以往不同的价值取向。

### 6.影响行为

当大学生将心理健康教育的内容内化为自身理念意识之后，他们的行为就会随之发生变化，对待周围的人、事、物的态度也必将更加客观和理性，面对困难和挫折的时候也会更加坚强和勇敢，在很多关键事情和问题上能够作出正确的选择。

### （三）大学生心理健康教育网络模式运行的保障

为了保障大学生心理健康教育网络模式有序、有效地运行，笔者进行了一系列创新性的探索和实践：将大学生危机干预系统、大学生心理互助联盟、高校心理环境建设三者结合起来，形成一个完善的保障系统，在大学生心理健康教育网络模式的运行中，发挥查漏补缺、完善保障的功能。

### 1.危机干预系统

危机干预系统是通过家庭、学校、社会各方面形成合力，预防大学生心理危机的发生。建立大学生心理危机干预系统，确定心理危机预警指标，对预测危机、防范危机和积极主动地应对心理危机具有十分重要的意义。心理危机预警机制的建立有助于引导当代大学生认识心理危机，理性面对和处理心理危机，适时把握转机，获得健康发展。危机干预系统还有助于及时发现和识别潜在和现实的危机，以便采取措施，减少危机发生的突发性和意外性。该系统主要包括建立心理档案、确定预警指标、形成监控网络及高危对象发现与主动干预四部分。

（1）建立大学生心理档案。第一，大学生的基本情况。主要是提供一些背景资料，以帮助教师深入分析大学生心理，正确诊断心理问题产生的原因。第二，能力情况及其教育建议。主要是指大学生的智力水平、智力特点如何，怎样进行有针对性的智力训练；学生的言语智能和数学智能水平如何；能力倾向鉴定及创造力测量等。第三，人格特征分析及培养建议。主要是指大学生的性格类型及特征、气质类型及特征、个性心理特征，怎样进行教育，大学生的兴趣、态度、人际关系及品德特点等。第四，心理健康状况及辅导策略。主要是指大学生的心理健康水平鉴定，有无心理问题或心理障碍，程度如何，怎样进行教育或矫治。第五，学习心理分析及教育对策。主要是指对大学生的学习态度、学习动机、考试心理等的诊断及因素分析。第六，职业能力倾向类型分析及指导。主要是指大学生职业兴趣、职业能力的诊断，分析其适合哪一类工作，从而为大学生提供职业生涯规划和就业指导。

（2）确定预警指标。大学生心理危机的预警指标通常包括预警的重点对象、指标体系、信息评估和危机处理。通过分析预警指标，可以获取预警信息，从而评估信息，评价危机严重程度，决定是否发出危机警报，进行危机预告。

（3）形成监控网络。大学生心理危机监控网络包括监控机构和监控队伍建设。心理危机干预工作是系统工程，需要学校相关部门的配合，通过学校、心理健康教育与咨询中心、学院、校医院—保卫处—教务处、学生社区、学生班级与寝室的学生心理危机干预六级网络，建成危机应对的快速反应通道，做到早期预防，早期发现，早期诊断，早期应对。学校心理危机干预工作队伍分成专业人员与相关人员。专业人员主要为校心理健康教育咨询中心的专职人员，相关人员包括各学院全体学生工作者，教务处、保卫处、校医院等职能部门人员，学校心理协会会员，学院班级学生骨干分子以及校外相关精神卫生与医疗机构人员。

（4）高危对象的发现与主动干预。高危对象通常是指有自杀心理倾向的、想自愿结束生命以求尽快摆脱困境的大学生。这些有自杀意念的大学生在遇到难以解决的问题时，想逃避现实，为解脱自己而准备把自杀当作解决问题的手段。一旦发现高危对象，就必须及时进行主动干预，以便将自杀意念消灭在萌芽状态，从而避免出现恶劣的后果。

第一，建立心理健康教育机构。由专门从事心理卫生专业人员和负责学生工作人员共同负责心理健康教育。同时开展培训工作，使班主任、辅导员和学生干部等了解大学生自杀的心理特点和过程，掌握对高危对象自杀危险性的早期评估知识和干预技巧。第二，对大学生进行心理监测，筛选高危对象。对新入学的大学生应由心理监测专业培训人员为其进行心理测试。第三，对大学生进行心理健康教育。心理健康教育的内容必须根据大学生的整体心理素质，完善大学生的个性，培养社会适应性，树立正确的婚恋观，在建立和谐的人际关系以及控制能力等几个方面下功夫。第四，及时发现心理危机，给予紧急干预。研究发现，许多自杀现象并不是突然发生的，从自杀念头形成到自杀行为的选择有一个心理发展过程。第五，熟悉大学生自杀危机干预的步骤。做好自杀后学生的心理修复工作，包括自杀未遂的个体和当事群体。

### 2.大学生心理互助联盟

建立大学生心理互助联盟，为大学生心理健康网络教育模式的运行提供主体支撑。将传统的"管理本位"转变为"学生本位"，以学生主体作用发挥为抓手，建立大学生心理互助联盟，具体负责心理互助网络平台、心理互助热线、心理互助QQ群、心理互助信箱等日常工作和组织开展丰富多彩的课外活动，充分调动大学生自我教育、同伴教育的能动性，构筑起大学生心理自助互助能动体系。

建设和谐的高校心理环境，为大学生心理健康教育网络模式的运行创设能动的教育环境，奠定良好的心理基础。"用环境进行教育，这是教育过程中最微妙的领域之一。"精心设计、创建良好的校园环境是培养全面和谐发展的人的前提，同时，它又是对学生精神世界施加潜移默化的影响的手段。受教育者在各种教育活动中受到的影响，要经过一个内化的过程，即经过上述矛盾运动过程，才会使其原有的思想和心理状态得到进一步的发展和提高，外因转化成内因；而新的思想境界和认识水平一经形成，就会产生一种新的能动力量，并反作用于外部世界，使外部环境得到改造，内因又转化为外因。

# 第七章　大学生心理健康教育的创新研究

## 第一节　思想政治教育与大学生心理健康教育

本节以思想政治教育与大学生心理危机干预相结合为主体进行详细阐述。

### 一、思想政治教育与大学生心理危机干预结合的可行性与必要性

（一）思想政治教育和大学生心理危机干预结合的可行性

在当前的新形势下，思想政治教育的强大功能对大学生心理危机的预防和干预是不可或缺的，两者之间有着高度的相关性，所以将思想政治教育和大学生心理危机干预相结合具有很高的可行性。

1.两者的教育目的保持一致

高校中开展思想政治教育的目的就是为国家和社会培养一批"有理想、有本领、有担当"的优秀人才。习近平总书记曾经强调，青年是一个国家的未来，青年一代有理想、有本领、有担当，国家就有前途，民族就有希望。为此，在高等院校中对青年大学生进行思想政治教育，加强

大学生群体对于国家和民族的忠诚，对于理想和信念的坚持，帮助大学生认识坚定理想信念，充分学习文化知识，强健身体体魄，健全积极向上的心理，为国家和人民的发展贡献青春和汗水。而高校中心理健康教育的根本目的也是培养优秀的人才，加强大学生的心理素质建设，让其在面对挫折和挑战时能够积极正确地去面对，正确地处理好生活和学习中的问题和挑战，平衡好自己的学习和生活，成为一个心理健康的优秀人才。由此可见，思想政治教育和心理危机干预的教育目标高度一致，都是为了能够培育出国家需要的合格人才，通过将思想政治教育的内容和方法融入大学生心理健康教育过程中，帮助大学生群体加强心理建设，使其能够明辨是非、理性成熟地面对生活和学习中的各种困难和挑战。

## 2.两者的教育内容关联紧密

高校中的思想政治教育和心理健康教育的内容都是与大学生日常生活和学习息息相关的内容，都是帮助大学生群体建立正确的人生观念，树立积极向上的理想信念，两者的教育内容虽然侧重点有所不同，但是其核心要义是相同的。高校中思想政治教育和心理健康教育的教育内容有很多相同的部分，都是强调理想、信念、认知、情感、意志、品德等优秀品质的重要性，帮助大学生建立这些优秀的品质，两者在教育教学过程中高度交叉、渗透，彼此之间你中有我，我中有你，旨在培养优秀大学生。大学生心理危机预防和干预是大学生心理健康教育的重要组成部分，其教学内容涵盖了大学生日常生活和学习中的各种现象和心理状态，开展大学生心理危机预防和干预课程对于提高大学生群体的认知能力、心理承受能力非常重要，让大学生群体能够清楚地认识到很多困难和挑战都是正常的人生经历，帮助其建立强大的内心，进而能够从容地去应对生活和学习中的挑战。而大学生心理健康的发展，其目标和方向自然离不开思想理念和价值观念的影响。一个心理素质好的大学生，自然能够识别和建立正确的思想道德理念。与之相对应的是一个拥有良好道德品质的大学生，也更容易形成积极向上的心理状态，积极乐观地应对生活中挑战，更好地缓解自身心理压力，从而不易产生心理危机。

### 3.两者的教育方法相互渗透

心理危机干预的方法重在及时发现问题，使学生及时有效地接受帮助，把危险和问题控制在最小程度。心理危机干预的方法有心理咨询、心理训练等，更多的是属于交谈和行为方面的方法，例如面谈危机干预、网络危机干预等。通常采用的方法是学生到学校的心理咨询中心寻求帮助，但实际上很少有学生主动去。第一，学生有抵触情绪。学生到专门的心理咨询中心，心理负担比较大，甚至容易产生逆反心理。第二，由于师资力量的局限性，心理危机干预的受众面很小。对于心理危机的干预方法，大多数学生更喜欢课堂教学模式，特别是性格内向的学生。心理健康教育除了面询以外，在课堂教学中，能够运用案例教学、体验式教学等教学方法，将心理危机的问题及预防和干预方法传授给学生。学生在案例分析中受到启发并将解决方法运用到实际中。近年来，高校通过不断丰富教学的方式和内容，将思想政治教育融入大学生日常的学习当中，通过创新性的开展案例教学、情景剧教学等思想政治教育的新方法，帮助大学生群体更好地接受思想政治教育的内容。这和心理健康教育的案例教学、情景剧教学都是异曲同工，都是围绕着相同的教育目标来进行的，有着高度的交融性。

## （二）思想政治教育和大学生心理危机干预结合的必要性

当前，很多高校大学生都有着很大的心理压力，展示出各种各样的心理问题，为此及时有效地缓解大学生的心理压力，利用思想政治教育的手段和内容对其进行开导和干预就显得十分迫切，运用心理健康教育手段进行心理危机干预的同时，更应该发挥思想政治教育的作用，两者的结合不可缺少。

### 1.提升高校心理危机干预的水平

目前高校心理危机干预机制存在着很多问题，如高校缺乏心理危机干预意识、对心理危机相关宣传不到位、心理危机干预机制不完善、专业的心理危机干预人员短缺等。面对以上问题，将思想政治教育与心理危机干预相结合可以有效提升高校心理危机干预能力。第一，将思想政治教育与心理危机干预相结合可以利用高校思想政治教育丰富的教育资源。无论从人力还是物力上，全国各高校都投入了非常多的精力，心理危机干预工作和思想政治教育工作存在互通性，我们可以借助其优秀的教育资源，进行有机利用，从而实现加强心理危机相关知识的宣导工作，加强心理危机干预意识。第二，二者结合可以健全心理危机干预机制，心理危机干预重在预防，思想政治教育的目的在于帮助大学生建立积极向上的人生观，让其能够坦然面对生活中的困难和挑战，在根源上帮助大学生预防心理危机的产生。高校思想政治教育可以帮助学生树立正确价值观，为社会主义建设培养价值基础。思维决定行为，高校思想政治教育为高校大学生提供正确的思想导向和精神动力。发生应激事件的时候，学生往往会惊慌失措，展示出无助的状态，导致偏激的想法。高校思想政治教育可以从根本上帮助学生树立危机意识，使学生从正确的角度看待危机，从根本上消除学生慌乱的心理，缓解心理压力，使得大学生在行为上具备一定的控制力，不发表偏激言论，不煽动反动情绪，不以悲观情绪带动身边同学。正确看待心理危机，积极处理问题，尊重生命，不做如自残、自杀、伤害他人等行为表现。

## 2.满足大学生心理健康发展需要

在当前的发展阶段，随着社会压力增大，也产生了一些社会问题，为此党中央高度关注人民群众的心理健康问题，提出了加强心理健康服务的要求。大学生作为我国发展的人才保障，党和国家对其提出了更高的要求，大学生不但要有丰富的知识，更要有强健的体魄和健康的心理。在这个大背景下，如何做好大学生心理危机干预工作成为各高校的必修课题。将思想政治教育与大学生心理危机干预相结合可以有效利用双方资源，丰富思想政治教育理念和形式，完善大学生心理危机干预对策，为构建和谐健康的校园环境丰富了理论模式，创新了实践路径。心理危机的产生是一个逐渐发展的过程，这个过程分为前危险期、冲击期、危机期、适应期。心理危机的产生与发展是有一定的时间跨度的，在心理危机干预工作中，预防阶段是重中之重，所谓防患于未然，在心理危机产生的前期，熟知它，了解它，一旦产生心理危机，便可迅速进行自我疏导，迅速缓解压力、解决问题。思想政治教育参与到心理危机干预中，可以把大学生心理危机的认识以及危害等内容循序渐进地引入到大学生的思维意识中去，培养学生基础的防范意识和能力，使学生具备危机预防的专业知识和技能，这就使得思想政治教育在大学生心理危机预防阶段起到至关重要的作用。同时，大学生心理危机干预工作也可以借助当前高校思想政治教育工作的广泛性对心理危机相关知识进行宣导，增强学生对心理危机的接受度。

### 3.弥补高校心理健康教育的不足

目前，高校普遍已经开设针对大学生心理健康的相关课程，但是从现实情况来看，高校心理健康课程的教师主要是以受过专业培训的心理教师及医务人员为主，但是受到大学扩招的影响，高校心理健康课程教师的数量严重不足。由此就导致了很多教师要承受高强度的教学任务，只能采取一人执教多个班级或者采取人数众多的大课模式，无论是哪一种形式，教学效果都要受到不良影响，心理健康教师更是无法关注更多大学生的心理状况变化，也就不能及时地对已经产生心理危机的大学生进行危机干预，帮助其走出困境。高校心理健康教师严重不足，由此也就导致了高校心理健康教育的效果大打折扣，无论是对心理危机的宣传工作，还是对大学生心理压力的疏解和引导工作，抑或是对已经产生心理危机的大学生进行心理危机干预工作，都受到了很大影响，面对这种师资队伍短缺的客观现实，高校需要大量的专业人员来支撑大学生心理健康教育工作的实施。高校思想政治教育具备极其庞大的队伍和师资力量，其中包括各级领导干部、教师队伍等都是十分专业的教育工作者，将思想政治教育与大学生心理健康教育相结合，能够极大地对高校心理健康教师进行补充，能够减小高校心理健康教育工作者的工作强度，让其能够有更多的时间和精力去关注部分存在潜在心理危机的大学生的生活，帮助其舒缓心理压力，恢复正常生活。同时，思想政治教育的内容覆盖面非常广，涉及每一个在校大学生日常在校生活、学习的各个方面，也涵盖了很多为人处世的道理和原则，虽然思想政治教师在心理危机干预层面不够专业，但是可以通过对其进行专业化的培训及辅导，使得高校思想政治教育工作者能够提高专业知识和能力，帮助在校大学生缓解心理压力，预防大学生心理危机的形成，并对已经产生心理危机的大学生进行心理干预和帮助，确保高校大学生心理健康教育工作能够有序开展。

## 二、基于思想政治教育视角下的大学生心理危机干预策略

### （一）思想政治教育干预心理危机应该遵循的原则

#### 1.坚持以人为本原则

坚持以人为本的发展原则就是要将思想政治教育的作用发挥到实处，充分保障思想政治教育的目的是为国家和社会培养优秀人才，思想政治教育融入高校心理健康教育的课程体系中，就是要实现大学生群体的全面发展，表达出一种"以人为本、以人为尊、以人为先"的价值取向。在高校思想政治教育干预大学生心理危机的过程中，坚持以人为本的原则就是思想政治教育的核心，是为了大学生群体的心理健康建设，一切课程开展的前提都是为了培养优秀人才。第一，我们应该维护学生的心理健康，在日常思想政治教育过程中，应该时刻关注学生的心理动态，以免大学生心理失衡状态发展成为心理危机，防止大学生因

为严重的心理危机发生伤害自己或者他人的恶劣后果。第二，要把握新时代大学生的特点，积极摄取当下新鲜知识，将时代潮流融入思想政治教育教学模式，创新教学的方式和途径，开发出适合时代发展的新课程，激发大学生群体的学习热情，帮助其更好地理解和接受思想政治教育与心理健康教育的课程内容，形成积极健康的心理状态。第三，要对高校中的教师队伍给予充分的肯定和尊重。大学思想政治课程教师的任务繁重，往往要承担整个学校学生的心理健康教育工作，也需要得到关心和爱护，以便更好地发挥其引导学生心理健康的重要作用。

### 2.坚持预防为主原则

在高校思想政治教育参与心理危机干预的过程中，要充分发挥思想政治教育的优秀教学资源，在心理危机干预的不同阶段均要起到良好的引导作用，尤其是在心理危机预防阶段。心理危机预防阶段是心理危机干预的重要阶段，在这个阶段我们要着重强调高校思想政治教育的引导作用，通过及时有效地对大学生心理压力进行疏导，帮助大学生正确认识和面对生活的困难和挑战，建立积极乐观的心态。在高校思想政治教育参与大学生心理健康教育的过程中，要充分认识到，帮助大学生缓解心理压力，远离消极负面的价值取向，预防心理危机产生的意义要远大于在事后进行补救，因为大学生一旦产生心理危机，轻则会对自己的学业、家庭甚至身体造成伤害，重则会影响到其他人的人身健康，甚至是整个大学生群体的身心健康。坚持预防为主的原则就是为了能够最大限度地将大学生心理危机的伤害降到最低，减少大学生发生心理危机的概率以及发生心理危机后对自己和他人造成的损害。

### 3.坚持整体教育原则

根据心理危机的特点可以知道，心理危机所产生的后果不仅仅会对当事人本身造成伤害，同时也会对其周围的人造成影响，这种影响取决于应激事件的严重程度以及他们自身的敏感程度，如果不加以干预，很有可能造成群体事件，从而造成更严重的后果。所以要坚持整体性教育原则，在教育的过程中不能仅仅对产生心理问题的同学进行相关引导教育，同时也要对其周围的人进行观察、教育，保证群体心态的良性发展。大学生心理危机的复杂性决定了心理危机并不是当事大学生一个人的问题，更是整个集体、组织的问题，所以在面对大学生遭遇心理危机时，要充分考虑到这方面的内容，及时对整个群体进行思想政治教育和心理健康教育，建立一个积极向上的团体氛围，帮助当事大学生能够快速走出这种负面的心理状态，也确保其他大学生能够从中吸取一定的教训，防止这种事情在自己身上重演。在这个过程中，如果条件允许甚至可以将整个大学生群体作为受教育主体，针对个例对学生进行整体教育，让每一个学生均可享受思想政治教育资源，提升个人心理素质，保持积极乐观心态，从而预防相关事件再次发生，进而更好地预防心理危机的产生。

### （二）思想政治教育视角下干预心理危机的对策

新时代下，大学生心理危机的产生原因复杂且多样，思想政治教育想要形成有效的干预对策，就必须把握规律，按照大学生心理危机发展的不同阶段，开展不同的教育课程。一般来说，心理危机发生发展的过程包括心理危机预防期、心理危机发生期、心理危机恢复期。心理危机预防期是心理危机干预最重要的时期，也是开展思想政治教育的重要时期，主要以思想政治教育引导和心理健康预防为主；心理危机发生期，以专业的心理干预和心理咨询为主，以思想政治教育引导为辅，帮助大学生恢复心理状态；心理危机恢复期可以将重点放在帮助大学生树立正确的人生观念，从而彻底走出心理危机的阴影。

### 1. 心理危机预防期的思想政治教育对策

对预防期的心理危机干预是心理危机干预环节中的重中之重，是一项未雨绸缪的工作。在预防期过程中，有效利用高校思想政治教育资源，对学生进行心理危机干预可以有效防止心理危机的产生。

#### (1)加强思想政治教育的理论教育

第一，加强大学生对心理危机的认识教育。加强大学生对心理危机的认识教育是思想政治教育干预大学生心理危机工作中的首要工作。心理危机的认识教育是让高校大学生了解人生中可能出现的心理危机，并对其进行预防的相关教育，其目的在于引导学生科学地认识心理危机的相关特点以及危害，并通过所学的知识提高其应对心理危机事件的能力。具体做法如下：首先，要让学生正确地看待危机，用辩证的眼光看待问题，明确心理危机是"危"与"机"并存的，伴随危险产生的同时，机会也会随之而来。正确地处理危机可以使人成长，战胜危机就可以促进大学生个体成熟发展，再面对此类困难就不会显得无助，进而预防心理危机的出现。其次，在大学生群体中普及心理危机基础知识，包括定义、特征、成因、表现、发展、危害、预防、解决等，大学生了解和学习心理危机基础知识后，自然可以对心理危机产生判断，形成自我预防和应对心理危机的能力。

第二，加强大学生自身思想政治建设，优化个人素养。面对心理危机，不能单纯地把问题抛给学校和老师，必须加强学生自身的思想品德塑造。加强学生自身思想政治教育，优化个人素养是必须重视的问题。首先，学生要转变学习态度。高校中很多学生对于思想政治教育课的态度非常消极，学生无法正视思想政治教育课内容，这种想法非常不正确。必须重视思想政治教育课，坚定马克思主义理论理想信念，清楚为什么学习，为谁学习，明确高校思想政治教育的目的，树立正确人生观，不可以忽略课堂中的思想建设和道德建设。其次，加强理论知识学习。思想政治教育包含多方面内容，学生必须拥有很好的理论知识基础，才能更好地将理论知识联系到实践中去，这样才能对心理危机进行更好的干预。同时，丰富的理论基础有利于学生自主地将心理危机干预办法与思想政治教育相结合，并提出新对策，进而丰富思想政治教育内容。最后，加强自身修养塑造。人们都喜欢具备优秀道德品质的人，当代大学生更应该注重个人品行的修炼。同时，为人宽宏大量，尊重他人，关心他人也可以带动周围交往气氛，在愉快的交际环境中，有利于自身和他人的心理健康建设。

第三，加强大学生生命安全教育，树立正确的生命观。想要有效对心理危机进行预防，就必须加强对学生进行生命安全教育。生命可贵，应该严肃地看待生命，珍爱自己，尊重生命。近年来，大学生产生心理危机后的应激事件不断发生，一方面，要强烈反对当事人这种漠视生命的行为；另一方面，也应该意识到在思想政治教育工作中，生命安全教育工作做得并不到位。因此，要加强对高校学生的生命安全教育，帮助大学生正确看待生命，懂得生命的意义。培养大学生生命安全意识，树立正确的生命观，使其全面发展，这是预防大学生心理危机的重要手段，同时能够有效避免危机后恶性事件的发生。可以将生命安全教育纳入课本，并通过组织相关的活动，如团队活动、主题班会等形式，来巩固教育成果。

(2)加强思想政治教育的实践教育

第一，加强思想政治教育干预心理危机的实践演练。高校在大学生心理危机预防方面，不应只是纸上谈兵，一定要加强实践，防患于未然。目前高校对于大学生心理危机干预办法的研究理论非常多，但是缺乏思想政治教育干预心理危机事件的实践演练。面对突发的心理危机事件时，由于处理问题的领导干部或者辅导员往往不是心理学专业毕业，这就导致了面对突发事件时，没有相关专业知识作为理论支撑，不能有效地解决问题。面对这种现实情况，除了心理健康层面的积极解决，在思想政治教育层面，要求各高校必须建立成熟的心理危机干预预案，面对突发问题时，对其进行评估，迅速响应，避免事态恶化。同时，必须进行相应的模拟演习。心理危机事件特别是重大事件的发生具有突发性和特殊性，产生心理问题的学生在负面情绪积攒到一定程度时就会采用像自杀、伤他等偏激手段逃避问题，情绪是积压已久的，但是采取的应激行为往往是突如其来的，同时每个心理危机事件的发生发展以及解决的方式都不相同，这就非常考验我们的随机应变能力。进行心理危机事件的模拟演习，一方面，可以考验危机干预机制是否完善；另一方面，可以帮助相关人员在过程中成长，提高领导干部迅速决策能力，通过实践检验相关理论是否具有科学性。所以，通过心理危机事件模拟演习可以很好地将心理危机干预工作的学习成果展现出来，查缺补漏，并在日常的思想政治教育工作中逐渐完善，这对提升高校心理危机干预的整体能力有着很大的作用。

第二，组织学生积极参加校园文化活动，培养积极乐观的心态。优秀的校园文化活动具有创新教育理念，弘扬正能量，塑造学生健全人格，提高学生综合素质的作用。首先，需要正视校园文化活动的意义。校园文化活动在帮助学生磨炼意志、陶冶情操、团队协作等多个方面都有很大益处，同学们在参加校园活动的时候更可以丰富自己的交友圈、拓展人脉、避免暗黑式的自我封闭状态。其次，要提升相互交流意识。在网络时代，发明了许多帮助人们娱乐的游戏工具，但是，如不正确引导学生很容易沉迷其中无法自拔，长此以往很容易导致学生陷入网络世界，缺乏与人交流沟通能力，无法适应集体，产生心理危机，所以大学生要积极参加校园活动，增强实践能力，促进身心发展。最后，大学生要自主创新校园活动。校园活动要以正确的思想理论为引导，在保证学生安全和思想方向不偏的前提下，要积极创新校园文化活动，组织出适合时代特色和文化潮流的校园活动。我们要从学生出发，组织具备可实施性、适合学生、可以引导学生完成学习的校园文化活动。在这个过程中，高校大学生要积极参与进来，开动脑筋，多提意见，帮助老师组织、构建活动环节，这样一方面可以促进师生关系，为日后的教育工作进行铺垫；另一方面，学生自主设计活动环节，可以让学生享受劳动成果，促进学生加入活动中去。

(3)加强思想政治教育教师的专业能力

第一，提升思想政治教育教师心理危机干预能力。好的思想政治教育教师可以将先进的教学模式融入课堂，不拘泥于书本内容，更可以结合实际问题从现实情况出发，教育学生树立积极向上的人生观，提升学生的心理健康水平。对高校思想政治教育工作者面对大学生心理危机的应对能力不足问题，提出以下建议。对参与思想政治教育的人员统一开展专项的心理危机教育培训，从根本上提升高校思想政治教育工作者的整体专业水平，加强专业知识学习，以"传帮带"的模式加强高校心理危机干预工作者的队伍建设。在学习的过程中，对教师和学生进行统一辅导，及时发现并解决问题。以老带新，以新带旧，积极将优秀教师的教学经验以及大学生心理危机干预经验传递给其他教师、学生干部，同时与年轻教师的新思路、新方法进行讨论结合，整理出适合学生实际情况的思想政治教育心理危机预防和干预工作办法。培训机制要成体系化，成规模化，不可心血来潮，随机培训，要养成终身学习的习惯。形成严格规范的管理考核办法，增强高校思想政治教育工作者的自身能动性。

第二，加强思想政治教育教师理论教学和实践教学的融合。思想政治教育教师在教育的过程中，需将科学理论作为教学指导，同时也要清楚地认识到，面对思想政治教育与心理危机干预相结合的新课题，教师要认真钻研，将先进的教学理论与教学实践相结合，反复思考和推敲，建立起适合自身的教育教学模式，进而完善思想政治教育课程和心理危机干预机制。要突出理论知识的适用性。教师在传授理论知识的过程中，一定要注重理论的适用性。思想政治教育理论与心理危机干预相关理论都是理论性非常强的专业内容，讲述起来学生不易理解，可以将生活的实际案例和符合社会实际需要的教学内容引入教育教学中，增强学生学习兴趣。同时，高校教师要走出校园，丰富社会实践经历。我们要提供给高校思想政治课程教师更多的实践机会，将实践经验引入教学内容中，在面对如大学生就业危机、情感危机时，可以更好地加以辅导和帮助。

第三，加强思想政治教育教师与学生的沟通和交流。教育教学工作是在师生之间的互动和交流中完成的，在教学过程中，良性互动才能有效达到教育教学的目的。如何才能养成良好的师生关系，形成良好的教学互动呢？首先，建立师生之间平等的关系。高校部分思想政治课程教师，在教育教学工作中脱离学生，忽视学生感受，使师生之间的关系变成了施令与服从的关系，导致学生因恐惧而无法与教师进行交流。所以思想政治课程教师需要与学生平等相处，在学术上学生要向老师虚心讨教，在人格上要坚持人人平等的原则。其次，教师要能够更多地关心学生的日常生活。教师与学生之间的交流不应该只局限在课堂上，在日常生活中也要尽可能地与学生多沟通。相比于学术上的交流，生活中的互动更可以促进师生之间的关系，关注学生生活可以更好地了解学生的心理状态，帮助学生排除负面情绪，引导健康的生活方式。最后，教师要学会增强沟通技巧。许多思想政治课程教师不是不愿意与学生沟通，而是不懂得如何沟通。高校中，思想政治教师与学生的年龄差异较大，接触起来难免存在代沟，面对学生的问题时往往按照自己的习惯为学生提供建议，处理问题，学生往往表示老师根本不理解自己，从而引发心理问题。所以教师要讲究沟通技巧，注意多倾听学生的真实声音，多站在学生的角度思考问题，帮助学生更好地解决这些问题和困难。

### 2.心理危机发生期的思想政治教育对策

大学生心理危机的发生期实际上是指存在心理问题的学生没有得到及时的自我调节或者他人帮助，进而使心理失衡状态扩大化，发展成心理危机。在发生期内，学生很有可能采取极端方式解决问题，排解压力，如自伤、自杀、伤人等，甚至产生违法犯罪行为。这一阶段的心理危机干预虽然主要以心理危机干预手段为主，但是思想政治教育的强大功能决定了它的不可或缺，理应发挥它应有的作用。

（1）启动学校心理危机四级干预系统，及时处理心理危机

学生一旦作出某种极端行为，造成的影响是大面积的，不仅会对学生本人造成伤害，同时也会对校园环境的稳定造成影响，更会影响其周围同学，所以，需要一个强有力的干预系统，应急处理突发事件，让事件有条不紊地解决。四级干预系统是指由学校、院系、班级、宿舍组成的，以产生心理危机的同学为中心的应急干预系统。整个干预系统由校方领导统筹，发生心理危机事件后迅速成立干预小组，组织院系负责老师、保卫处、学生处、心理辅导中心、班长、寝室长等相关人员对学生情况进行了解，由辅导员联系家长，同时组织班长、寝室长进行必要的心理辅导、人文关怀，并告知保卫处迅速处理现场，避免事态扩大升级，造成校园恐慌。学生处与心理辅导中心要迅速对学生开展心理评估，同时与校方领导和学生家长进行综合评定，

决定学生是否具备继续留校学习条件，如不具备则迅速转送至专业医院机构，进行住院或观察。在此期间，校方领导以及辅导员要与学生及其家长保持沟通，了解学生的最新状况，体现足够的人文关怀。对于评定心理危机情况较轻，能够继续学业的学生，同学们需要对其进行隐性的看护，并暗中观察，及时与辅导员以及主管老师沟通学生近期心理状态，同时给予该学生关怀和爱护，帮助其稳定情绪，尽快摆脱心理危机的困扰。四级干预系统中，各个部门之间要相互联系与配合，形成一个横向沟通、纵向统一的网格化系统，在时间上体现干预的连续性，在范围上体现全方位的应对机制，发挥校园心理健康教育和思想政治教育的集体力量。

（2）聚焦心理危机起源，从根本上解决心理危机

当心理危机发生后，要解决的不仅仅是危机后的应激事件，最终目的是帮助学生摆脱心理危机，帮助学生恢复到正常的学习和生活状态，所以，在心理危机发生时，要注重聚焦心理危机的起源，寻找引发其心理危机的起因，有重点、有方向地对学生进行思想政治教育，帮助学生心理达到平衡的状态，进而解决心理危机。

在寻找心理危机起源的时候可以从以下三个方面入手：第一，可以从产生心理危机学生的本身入手，心理咨询教师或者辅导员可以主动与学生进行沟通，从中了解学生的主观想法及其所面对的问题，进而分析出产生心理危机的原因。在过程中，要注意访问时的语气和态度，避免产生抵触情绪。第二，可以通过产生心理危机学生的寝室室友及班级同学了解情况，室友往往是高校大学生互相之间交流最密切的群体，如果学生产生心理危机，其室友及同学

往往了解相关情况，要利用好这一资源，主动咨询，理性分析。第三，咨询学生家长。当今大学生多数不是高校本地学生，常年在外学习，平时与父母沟通较少，因此，我们在对学生进行心理危机干预的时候不可忽视家庭因素，引导其父母配合学校的心理危机干预工作。通过对以上三个方面的了解，要进行综合分析，准确地分析出学生产生心理危机的原因，采用心理危机干预手段，及时解决问题，同时辅之以相应的思想政治教育，有效地进行心理危机干预。

(3)重视舆论导向，主动发声，避免谣言散播

因心理危机爆发后容易产生应激事件，高校在紧急处理应激事件的同时，切莫忽视舆论的重要性，如果出现负面新闻通过网络渠道迅速传播，很容易造成负面影响，对当事人以及其周围的学生造成更大的影响，甚至引发二次心理危机，为日后的心理危机恢复工作带来不利影响。

在事件发生时，要主动利用网络思想政治教育阵地，主动发声，第一时间通过新媒体对学生开展思想政治教育。通过官方平台，如微博、公众号、校园网站等，发布事件最新情况，稳定学生情绪，控制舆论导向，避免造成校园混乱。同时，要及时关注有关该事件的相关信息，发现虚假信息或者带有不良动机、煽动学生情绪的信息，要迅速澄清，防止其他学生被虚假信息误导，引发不良问题发生。

思想政治教育队伍在此期间要发挥自身职能，注重舆论导向，积极主动向学生讲述真实情况，遏制谣言的产生。思想政治教师以及辅导员要组织学生干部开会，发挥学生干部的组织力和凝聚力，把握相关信息传播的准确性以及及时性。通过这种方式使学生群众准确了解事件情况，避

免胡乱猜忌，稳定校园秩序。

### 3.心理危机恢复期的思想政治教育对策

我们要清醒地认识到，心理危机干预是一项长期的、连续性的工作。心理危机事件的有效处理并不意味着心理危机的解除，并不是思想政治教育干预心理危机的终点，恰恰在心理危机的恢复期思想政治教育更加重要。针对心理危机恢复期的学生，要进行跟踪，定期对学生进行访问，了解学生情况，将该学生作为重点辅导对象。针对其基本情况，提供相应的辅导与帮助，鼓励他多沟通，多交流，迅速融入到接下来的学习和生活当中。思想政治教育工作者要主动与学生进行当面沟通，展示人文关怀，并作出心理评测，进而保证心理危机恢复期学生不再受到此类问题所影响，从而摆脱心理危机，最终达到度过危机并且不再复发的目的。

（1）增强大学生自我心理疏导能力，乐观面对生活

大学生产生心理危机后，进行自我疏导是非常有必要的。面对压力时，学生通过自我疏导可以帮助学生自主化解危机，消除紧张情绪，恢复正常生活状态。第一，要结合科学的理论知识来进行自我疏导。自我疏导的方式有很多，如运动、听歌、找朋友倾诉等。现实中往往学生缺乏相关理论知识作引导，采取了很多错误的方法进行自我疏导，有些同学面对压力时选择酗酒，有的选择暴饮暴食，有的甚至选择自残来缓解心中的伤痛。所以在进行自我疏导的时候要有效利用思想政治教育和心理健康教育内容，科学地进行自我疏导，以免进一步影响身心健康。第二，要树立自信心。根据心理危机的概念所述，心理危机是一

种心理失衡的状态，其结果往往伴随着自信心受挫。一个失去自信心的人无法面对问题，认为自己应对问题的能力不足，夸大自己失败的概率，产生焦虑、紧张和恐惧等情绪。所以在自我疏导的过程中，要坚定自信，勇敢地面对问题。第三，要正视问题的存在。产生心理危机的学生无法正视问题的存在，所以在解决危机的过程中显得无能为力、无法抗拒、无所适从。所以要正视问题的存在，一方面，正视问题的根源，发现问题的矛盾点，从根本上解决问题，从而破除壁障；另一方面，要正视心理危机的存在，不要因为心理危机的产生而感到紧张。放松心态，转移注意力，最后一定可以化解危机。

(2)开展丰富多彩的校园文化活动，营造和谐的校园环境

校园的环境对学生的成长以及人格的塑造起着至关重要的作用，和谐美好的校园环境可以引导学生树立正确的价值观，用积极的心态面对生活、看待问题。高校就像一个小社会一样，充满着未知性和复杂性，营造有利于大学生健康成长的优良环境，是预防大学生心理危机产生的重要条件。可以组织多种集体活动，充分发挥学生的自主能动性，建立友谊第一、比赛第二的活动理念，构建良性的活动体系。教师不可脱离学生，要成为为人师表、亦师亦友的新时代教师。学校可以组织教师与学生共同参与的知识竞赛，竞赛内容要抛开专业领域，公平竞技，加强沟通交流机会。同学之间要相互帮助、相互尊重、敞开心扉，不可因家庭、经济、性格等原因远离、歧视其他同学。学校应该充分利用校园集体活动，开展意义丰富的第二课堂，开展健康的、积极的、丰富的团体活动，使学生感受到学

校大家庭的温暖，保持愉悦健康的心情来应对生活中的困难。

# 第二节　音乐教育与大学生心理健康的发展

随着物质生活水平的逐步提高，大学生更需要心灵上的关爱和帮助，心理健康关系着他们一生的发展。音乐教育是美育的一部分，它能提高学生的心理素质，培养他们的审美情趣，达到修身养性、净化心灵的目的。音乐教育也是大学生德育的重要途径之一。因此，从大学生心理健康的现状入手，分析音乐教育对大学生心理健康成长的促进作用，提出在音乐欣赏教学中采用以活动为主、开展合唱训练、鼓励和引导等手段促进学生心理健康发展。

## 一、大学生心理健康的现状及原因分析

大学时期是一个人极为重要的时期。在这一时期，大学生不仅学习各科知识，发展智力，而且探索人生的意义，初步形成世界观和人生观。但同时，他们也面临着许多成长中的困扰和问题。

### （一）大学生面临的心理健康问题

在学习方面，大学生竞争压力日益增大，除了面对老师的要求、父母的期待，还要面临就业带来的巨大心理压力。有的学生容易紧张，对自己的要求较高，常在考试前或考试中产生焦虑情绪，严重的甚至出现食欲不振、失眠、呼吸困难等问题。有的学生面对学习压力，在屡次遭到失

败后产生厌学的情绪，遇到学习上的问题和困难采取逃避的态度，对于学习越来越排斥。①

在人际关系方面，现在的大学生个性突出，以自我为中心。在生活中，父母对他们百依百顺，导致他们面对集体生活时，很少能主动关心他人、宽容他人。因此，若与老师、同学意见不合或发生摩擦、矛盾等，往往缺乏必要的沟通和交流，甚至变得孤僻、独来独往。还有的学生因缺乏与父母的沟通，或者在不和睦的家庭关系中形成专横、固执的性格。这些都不利于大学生的人际交往，容易导致其出现心理问题。

在这一段特殊时期，大学生的生理、心理都发生着巨大的变化，但他们的认知还处在天真、理想化的状态中。因此，往往容易出现自卑、逆反等心理。一方面，他们迫切地希望自己独立；另一方面，他们在学习、生活、经济上都需要依赖父母和老师。当父母或老师不能认同自己的观念或过度干涉自己的生活时，他们就会产生强烈的反感，有的大学生甚至走向另一个极端，完全拒绝家长和老师的帮助，这就形成了所谓的"叛逆期"。

（二）大学生产生心理健康问题的原因

随着现代信息化的不断发展，大学生可以接触到不同的文化、宗教信仰等各种思想。由于他们的身心尚未成熟，许多负面的、不良的社会风气和思想会危害他们的身心健康。

2016年12月，习近平总书记在第一届全国文明家庭表彰大会中指出："家庭是人生的第一个课堂，父母是孩子的

①王丽.高校音乐教育与大学生心理健康问题研究[M].西安:世界图书出版西安有限公司,2018.

第一任老师。"家庭教育对学生的心灵成长有着深远的影响。有的父母对孩子属于"溺爱型",特别是隔代抚养的家庭,对孩子提出的各种物质要求有求必应,却忽视了思想上的引导;有的父母属于"专制型",对于孩子各个方面都严格控制,很少倾听孩子的心声,导致孩子出现叛逆或自卑;有的父母属于"放任型",对孩子在学校的表现不闻不问,导致孩子学习习惯差,组织纪律性差,对任何事都采取无所谓的态度。

学校教育和管理水平参差不齐也影响着学生的健康成长。长期以来,在传统教育体制下,学校追求升学率,看重学生的考试成绩,教师也忙于如何帮助学生提高成绩。因此,在不同程度上,学生的心理健康教育、素质教育被排在了次要的位置。学生在成长中不仅需要学习知识武装头脑,更需要在思想上获得引导,树立正确的是非观,将来成为有用之才。

大学生之所以会产生各种心理问题还有一个因素是他们自身。进入高校后,也是学生"心理危险期"的开始,他们在生理和心理上都逐渐发生变化,迫切地需要别人把他们当成人看待,希望得到更多独立活动的空间以及认可,但又缺乏生活经验,不能正确看待自己的问题。若在这一阶段家长、教师能充分认识到学生的问题,及时处理,就能帮助他们顺利度过这个阶段。

大学时期是学生心理发展的重要阶段,出现心理健康问题是很常见的现象。想要走进学生的内心,引导学生的思想,音乐教育有着独特的优势。

## 二、音乐教育对大学生心理健康发展的促进作用

音乐来自人的内心，又对人的心灵产生反作用。柏拉图曾说："音乐教育除了非常注重道德和社会目的外，必须把美的东西作为自己的目的来探求，把人教育成美和善的。"因此，将音乐教育用于帮助促进大学生心理健康发展是尤为重要的。

### （一）加深对自己的了解

认识自我，是认识整个世界的起点；接纳自我，是与外部世界和谐相处的基础。大学时期正是自我意识发展的重要时期，在这一时期，大学生开始学习独立思考问题。在这个过程中，聆听音乐不仅能帮助他们更好地思考和领悟，还能通过音乐与外部环境建立联系，在接触音乐的过程中，回顾自己的童年，了解自己的喜好与个性，从而建立自信，帮助他们认识自己，以积极乐观的心态接纳自我。

### （二）调节情绪

心理健康的重要表现之一就是对情绪的控制，这既包括自己的情绪管理，也包括对他人情绪的感知。大学生由于生理和心理的快速转型，对外部环境容易过于敏感，情绪反应往往十分激烈，表现出冲动、易怒、暴躁、叛逆的特点。音乐是情感的艺术，欣赏音乐能帮助大学生提高情绪的感知力，还能使大学生有效缓解不良情绪带来的心理压力，让情绪有所排解。在学习音乐的过程中，学生学会感知他人的情绪，也能提高自己对情绪的感知力。

### （三）树立正确的人生观、价值观

有的大学生虽然没有表现出明显的心理问题，但每天昏昏欲睡，得过且过，对于自己的未来缺乏目标，这种状

态是一种心理亚健康状态。对自己未来的职业生涯进行合理的规划，是每个人毕生的重大课题。合理的规划需要建立在正确的人生观和价值观上，而诸如《我和我的祖国》《黄河大合唱》《旗正飘飘》《毕业歌》等具有中华民族特色的经典音乐作品，不仅能让学生感知到音乐家不屈不挠的顽强精神，更能培养学生的爱国之情。

### 三、在音乐欣赏教学中促进大学生心理健康发展的途径

#### （一）以活动为主，强调主观体验，帮助学生融入课堂

要对大学生进行心理健康教育不能只讲道理、摆案例，大多数学生都很难接受这样的教学方式。传统的音乐欣赏课只停留在介绍和聆听上，缺乏互动。若在课堂上设计一些音乐体验活动，例如，在课堂开始时，播放一段富有感染力的音乐，如久石让的《天空之城》。音乐播放结束后，让学生们闭上眼睛，在脑海中回味音乐，然后分享自己在听音乐过程中的情绪感受，是感到宁静、悲伤、充满希望还是其他情绪。可以减少学生对于"课堂说教"的抵触情绪，体会课堂活动过程中带来的体验和认识。

#### （二）开展合唱训练，创设学生互动学习情境，加强合作

处在同一年龄阶段的大学生遇到的问题和困惑往往十分相似，而预防大学生出现心理问题的重要手段之一是同伴的关心和帮助。相比教师与学生、家长与学生来说，同学之间更容易进行沟通，他们也更渴望得到身边同学的接

纳与信任。现今，合唱艺术已经与流行音乐一样，成为年轻人喜爱的音乐类型。音乐欣赏课正好可以给学生参加合唱训练的机会。一方面，让学生接触、了解不同类型的音乐作品，开阔眼界，提升欣赏水平；另一方面，通过集体合唱训练能增强同学之间的集体荣誉感和归属感。在学习合唱的过程中，既需要同学之间相互交流、相互帮助，也需要他们相互配合、相互信任。因此，开展合唱训练能使学生保持积极、阳光的心态。

（三）丰富教学内容，鼓励学生主动展示

促进大学生心理健康发展包括各个方面，其中，除了发展自我意识、情绪调控、人际交往等，还包括学习潜能的开发。科学研究表明，人的大脑两个半球有一定的分工：左半球执行着言语和抽象思维的功能，称为优势半球；而右半球的功能与空间位置、形状、音乐及情感等方面的信息有关，在生活中也有重要意义。音乐虽不能表达明确的思想，但它对称的结构、起伏的旋律、张弛的节奏都能对人的感官产生直接的刺激，让大脑及神经系统放松或兴奋，能够激发想象力。在课堂上，教师可以通过色彩与音乐、音乐的情绪、音乐冥想等方式充分调动学生的视觉、听觉，鼓励学生在小组和班级里分享自己的体验与感受。在学习的过程中，学生从被动听到主动展示，不仅能提高学习效率和记忆力，还能锻炼自己的心理素质，提升心理健康水平。

（四）适时引导，为学生的成长保驾护航

课堂活动就是善意的"圈套"，它把学生引入其中，让他们不知不觉地获得成长。在学习的过程中绝不是一帆风顺的，学生可能会遇到各种各样的问题：有的学生对于音乐感兴趣，但了解范围仅限于流行音乐；有的学生一开始就认为自己五音不全，对于音乐学习有自卑和抗拒的心理，这时教师需要及时了解学生的心理状态，根据不同学生的情况给予适当的引导。因此，教师必须掌握教育学、心理学以及音乐专业知识，根据大学生身心发展的规律有的放矢地开展教学活动，关注学生的成长动态，在教学时耐心地辅导学生，帮助他们克服心理障碍，帮助他们健康成长。

音乐教育对大学生的心理健康起着重要的作用，也是素质教育不可或缺的重要内容。聆听音乐、感受音乐、分析音乐、评价与鉴赏音乐不仅可以激发学生的学习兴趣，开阔学生的视野，还可以丰富学生的精神世界，激发学生的潜能，提高学生的心理素质。只要坚持科学的教育思想，遵循学生心理发展的规律，采取科学的教学手段，将音乐教育与心理健康教育有机地结合起来，就能有效促进学生心理健康发展。

# 第三节　朋辈心理互助体系与大学生心理健康教育

朋辈心理互助的活动过程属于一种具有民主性特点的助人自助的活动。这种模式改变了过去只有十分专业的心理学科教师才开展心理咨询工作，广大学生只是作为心理咨询分析对象的情况。通过推进朋辈心理互助活动形式，有效解决了大学生存在的各类发展性心理健康问题，作为专业心理咨询工作的关键补充，不断加强高校关于心理健康教育工作的实际效果。同时，朋辈心理互助活动还有利于实现学生心理需要，促进学生形成乐于助人的良好品质，有助于学生进一步掌握自助和互助的基本技术，构建良好的心理健康认知，提升心理状态调适水平，改进个性心理素质品质。因此，在高校推进朋辈心理互助的服务活动，对加强和提升当代高校学生的心理健康水平有重要作用。

## 一、构建大学生朋辈心理互助体系的必要性

目前，高校心理中心普遍存在重个体访谈、咨询或辅导，轻团体访谈、咨询或辅导的倾向。一方面，有心理障碍的学生得不到及时有效的干预，心理危机事件频发；另一方面，心理中心人手不够，工作效率低，压力风险大，教师队伍不稳定。目前普遍的做法是，为了规避风险，以迅速排查转介严重障碍者为主要工作内容，以不出事故为工作目标，放弃了对轻度、中度心理障碍者的主动引导，关注全体学生的心理发展更成了一个遥远的神话。

10多年来，国家越来越重视心理健康教育，为大中小学配备了心理教师或心理咨询师，但心理科学对教育事业的意义远不止此。在教育事业中，心理学不仅要关注少数学生的心理问题，还要关注全体学生的心理发展和自我实现。学生的心理健康是必要因素，学生的自我实现才是魅力因素。心理学要在奠定和推动教育的整体科学化方面有所作为，而不应只被局限于单纯的异常心理处理。[①]

学习心理学认为，人的学习根据内容可分为知识性学习、技能型学习、社会性学习和创造性学习等，根据学习

---

① 王珠.大学生朋辈心理互助的发展路径[J].试题与研究,2018(13)：102-103.

方式可以分为接受性学习和发现性学习。科学有效的学习活动应该是，优先采用发现性学习的方式完成社会性学习和社会性发展，在此基础上，学习知识和技能，最终达至有所创造。

## 二、构建大学生朋辈心理互助体系的可能性

### （一）大学生朋辈心理互助体系的含义

有关大学生朋辈"心理辅导"的研究和实践很多，与本书研究的大学生朋辈"心理互助"是有区别的。"心理辅导"有辅导者和接受辅导者之分，是单向的由此及彼的过程，二者的地位不平等，辅导者是给予方、主动方和心理优势方，而接受辅导者是求助方、被动方，是心理劣势方。朋辈心理辅导是基于个体咨询的一种辅助模式，有两个明显的缺陷：第一，"朋辈"和"辅导"之间存在一种微妙的矛盾，可以理解为"因朋辈之间的落差不足够大"而衍生出来的心理阻抗；第二，辅导的效果和效率有限。朋辈"心理互助"是基于团体心理辅导的一种情境和模式，没有"辅导者"和"接受辅导者"身份的差别，每个人都是辅导者，但同时也是接受辅导者，是多向互动的。在朋辈心理互助团队中，我为人人，人人为我，大家都是平等的，每个人只要自由表达、自然表现就够了。在这种模式下，每个人都是他人的一面"心灵的镜子"，每个人在照亮他人的同时，也看到了自己。可以认为，朋辈心理互助和朋辈心理辅导分别与团体心理辅导和个体心理辅导相对应，是两种既有区别又有联系的大学生朋辈心理成长模式，二者并行不悖，可相互补充。

## （二）大学生朋辈心理互助体系的组织架构

学团心理组织和学生心理协会是构建大学生朋辈心理互助体系的两大抓手。学团心理关怀部作为"官方"组织，在二级学院设立分部，由行政班心理委员组成，归口到学校心理中心主管。学生心理协会作为"民间"平台，由宿舍心情员、心理学爱好者、心理互助志愿者等组成，从大学生群体中长期招募，也归学校心理中心主管。心理中心通过心理课程、团体心理成长坊、团体心理训练、心理学选修课、心理访谈与咨询等渠道为心理社团发展壮大持续造势和提供支持，源源不断地选拔和培养学生心理干部。两个平台，两支团队，一"官"一"民"，互鉴互学，或从上到下，或自下而上，互相竞争，互相合作，完成心理中心下达的日常接待管理互助、科普活动组织和宣传、心理危机观察和报告、心理调查和研究等任务，协助辅导员和二级学院开展心理班会，为宿舍文化、班级文化、校园文化建设作贡献。另外，学校、学院、班级、宿舍四级联动的心理危机预警系统，也是由心理协会和心理关怀部担任观察任务。

## （三）大学生朋辈心理互助体系的技术支撑

团体心理技术可成倍提高新生普测后的访谈工作效率，同时大幅缩短新生入学适应的周期。团体访谈不但可以有效解决心理工作上下两难的困境，而且能够使心理工作变成学校特色品牌发展的魅力因素。团体访谈的过程就是团体辅导的过程，参训者无论是否存在心理障碍，都会感受到团体带来的推动力量，每个人都从他人身上看到自己的优点和缺点。值得一提的是，没有心理障碍的学员参训也会有意外的收获和成长。总之，团体心理技术是一举多得的高效工作模式，是构建大学生朋辈心理互助体系的技术保障，值得研究和推广。

## 三、构建大学生朋辈心理互助体系的影响因素

### （一）理念：学校教育的科学化、专业化

学校是心理学的实验场。我国教育要真正走上科学教育的轨道，需要一场"教育心理学化"运动的洗礼，要把家庭教育、学校教育和社会教育真正建立在心理科学之上。长期困扰我国教育的幼儿园"小学化"、中小学生课业负担偏重、学区房、培训机构被资本"绑架"等乱象的背后，固然是教育的功利化在作祟，但教育功利化背后却隐藏着一个巨大而错误的逻辑推手——公众对心理科学的无知与认知狭隘。如果全民都充分了解了人的心理发展的规律，并遵循之，教育贩子就没有市场空间，教育资本就没有股民追捧，教育焦虑就不会被煽动，社会上也就没有这么多教育之怪现象。

全社会要像重视经济学一样重视心理学的学习、普及和应用，要像重视思想政治教育一样重视心理教育。教育心理学化由瑞士教育家裴斯泰洛齐最先提出，曾在18世纪末和19世纪上半叶的西方教育界掀起轰轰烈烈的教育心理学化运动，德国教育学家赫尔巴特受此启发，最终完成了对教育心理学化的系统论证，奠定了"科学教育学"的基石。我国教育对心理学的引入、研究和应用较晚，心理学的普及率低，教育工作者普遍缺少心理学的知识和技术，没有意识到"教育心理学化"运动的伟大意义。

## （二）定位：心理中心和心理教师的专业技术地位

教育心理学化是教育科学化的基石。在此理念下，高校心理教育机构要独立设置，与体育课部、马克思主义学院等类似，与二级学院并列，名称应为"学校心理中心"，下设教研室、咨询部等。心理教育与咨询是名副其实的专业技术岗位，不应列为学工行政系列，而应列入教学科研编制。

## （三）方向：医学心理学与发展心理学

大学生心理（健康）教育作为公共必修课，要着眼全体学生的心理发展和自我实现，而不是拘泥于异常心理，在开足必修课时学分的同时要增加心理学类公共选修课程的供给。心理教育要整合包括（但不限于）健康心理学、学习心理学、发展心理学、基础心理学、文化心理学等内容，让大学生了解一个人从出生到老去的心理发展全过程，引导他们回顾、反思、解读自己的个性化过程和社会化过程，把目前出现的各种心理困惑和问题还原到个体和集体心理发展的长河中，帮助他们理解过去的我（们），接纳现在的我（们），积极规划塑造未来的我（们）。

同时，心理学课程还要用心理学的理论和技术回应学生心理发展的实际，将学习、发展、保健、矫正、自我实现和社会链接等统一于自身人生实践的全过程。教育本质上是心理建设的过程，教育改革本质上就是教育心理学化。成功的教育必定是符合心理发展规律的，失败的教育必定违反了心理发展的规律。在教育心理学化理念指导下，不仅心理学课程要关照学生的全面发展，其他课程的教学也要符合学生心理发展实际，遵循发展心理学和学习心理学的理论，不断地进行改革和创新。

### （四）场景：社会性学习与教育情境的集体化

"建国君民，教学为先"，中华文明源远流长，靠的是社会教化，用现代教育心理学来解读，就是德育优先、社会性学习优先。重视社会性学习和社会性发展是中国传统文化教育的精髓。孔子"行有余力，则以学文"的观点即在此。《论语》"学而时习之"的"学"亦即社会性学习。近代以来，国门洞开，西学东渐，群星灿烂，一大批民族精英，都是青年时期才开始学习科学文化知识的，他们为什么能够学有所成，后来居上？因为他们在此之前已经出色地完成了道德启蒙和社会性学习，而且是通过发现式学习完成的，包括自我意识、社会兴趣、民族尊严、家国情怀、集体主义等内容。这为知识性学习、技能型学习和创造性学习奠定了基础。

素质的基础和前提。心理工作与学工部门、学团组织的工作相辅相成。大学生心理健康与心理发展是高校思想政治工作的重要内容，要完成这个系统工程，只靠学校心理中心和心理教师的力量是不够的，需要举党政各级各部门之力，发动全体师生，广泛持久地开展心理自助互助行动。

## 四、"互联网+心理健康教育"的需求分析

根据大学生朋辈心理互助的概念，结合互联网的资源条件，按照对心理健康教育的研究，推出多层次、多途径的心理健康教育沟通平台。

## （一）为当代大学生彼此之间提供多种交流沟通的新方式

在传统的仅有学校参与学生心理健康教育工作的条件下，大学生获取各类心理健康教育知识特别困难。人的正常发展是在不断的自我重新认识和自我深入学习的过程中，逐步实现螺旋式上升过程的。当代大学生属于身心快速发展的时期，需要面对生活过程和学习过程中产生的各类身心发展的困境。如果这时候可以提供给当代大学生进行充分的自我学习、自我处理问题的有效方便的方式，就可以及时地处理上述问题。因此，为大学生搭建有效合理的心理健康教育平台，通过学生特别喜爱的网络空间互动形式，进一步突破时空条件的束缚，全面普及各类心理健康基础知识，让广大大学生真正学会认识自我、学会认识人生，实现自我成长。

心理健康教育平台还可以采取学生社团的名义，发布电子版报纸。平台可以支持定期由心理专业的学生在网站内部通过心理电子报的方式，开展大学生朋辈心理互助活动。只有这样，才能完全改变以往纸版报纸制作时间长、心理健康宣传教育范围狭窄、不易长期保存等问题，进一步方便当代学生避免时空条件束缚，自由浏览心理健康教育信息。

## （二）为当代大学生彼此之间提供多维交流沟通的有效方式

过去因为缺乏平等、快速、彼此尊重的积极沟通交流条件，导致大量学生内在心理问题难以实现有效发现和及时解决。如果可以采取多维交流沟通的网络方式，让大学生倾诉内心的真实想法，通过论坛形式、留言板形式、聊天室形式、E-mail形式以及网络日记形式，实现大学生平等互助、互相尊重地开展交流沟通，有助于帮助大学生处理已经出现的各类心理问题。

### （三）开展辅助大学生心理辅导教育活动

平台通过投票工作系统和在线聊天室工作系统，针对最近出现的各类心理问题，采取专题观点讨论的方式，开展细致调查与分析讨论。积极为大学生提供各类网上心理问题咨询室服务，解决因为时空条件束缚和师资力量不足而导致的各类心理咨询活动难以符合学生实际需要的情况。

### （四）具有记录心理发展和倾诉的实际功能

系统可以提供有效记录大学生心理状态成长发展历程和进一步提供倾诉空间的使用功能，也就是网络日记。通过网络日记的形式，有效记录学生自身的心理成长过程，同时给广大学生提供实现心理倾诉的私密空间。平台能够对大学生在平台上的实际活动的各类信息进行分析研究，准确发现各类有价值的当代大学生心理发展特征信息，同时开展有针对性的专门辅导活动，或将存在严重心理问题的情况直接提供给当地心理专家和对应的心理干预组织。

## 五、基于大学生朋辈心理互助的系统设计原则

心理健康教育平台的设计过程，根据互联网络具有的平等性特点、保密性特点、隐蔽性特点、快捷性特点，同时按照大学生的年龄情况和学习状态，打破时空条件束缚，进一步普及各类心理健康教育基础知识，进一步优化大学生心理素质，处理各类心理健康问题，避免心理问题的出

现，实现拓展当今高校心理健康教育工作的目的。

（一）交互性原则

互联网络本身的主要优势在于存在交互性的独有特点。大学生心理健康教育工作必须利用网络优势，按照交互性的基本原则，不能简单地提供部分心理学专业概念、心理特征现象或心理疾病等方面的材料，而是要采取先进的信息科学技术方式，提升人机互动效率，通过部分特定程序的有效编制，实现对平台访问者的实际要求和求助内容及时有效反馈。另外，进一步畅通平台访问者与其他心理教育人员和心理咨询师彼此之间互动沟通的方式。

（二）互助共进原则

朋辈心理互助活动作为一种积极良好的人际关系互动活动，根据同龄伙伴存在共同的兴趣爱好、认识价值观和文化理念，实现彼此之间进一步交流沟通，完成从他助到互助，最后到自助的工作机制。朋辈心理互助活动，采取互助共进的原则，属于有效的助人、自助的活动过程。不管是心理辅导活动、心理咨询活动，还是心理治疗活动，主要目的就是让广大大学生学会独立地处理心理问题，学会开展自我心理健康教育。

（三）互补性原则

互联网络虽有无可比拟的强大优势，然而也存在自身的条件局限性，包括大量实用性、实践操作性要求严格，甚至采取仪器辅助的先进心理咨询技术难以通过互联网络开展。另外，在实际心理咨询活动中，心理咨询老师的语言发音、表情神态和肢体动作都会直接对学生形成有效的引导效果，这些难以通过互联网络全部实现。因此，构建网络心理健康教育平台必须采取互补性的基本原则。互补性的基本原则主要是指新兴的网络心理健康教育活动必须和其他传统心理健康教育活动实现完美结合，达到取长补短、优势互补的目的，加强大学生心理健康教育活动的实际效果。

## 六、系统功能模块设计

### （一）心理咨询室

平台可以满足各类心理咨询者通过在线撰写邮件的方式，实时邮寄给对应的心理辅导人员，实现与心理辅导人员进行交流沟通。另外，心理咨询者还能够采取留言板的方式，给心理辅导人员提交留言开展咨询，心理辅导人员能够通过回复各类留言，有效解答心理咨询问题。同时，平台还提供管理员具有不良咨询留言的删除权利。

### （二）观点碰撞

为进一步配合现实过程中的团体心理辅导活动，平台提供针对分析研究的心理问题，开展大众观点投票调查研究，统计实际的投票结果，实时显示给活动参与者。同时，平台还能够支持大学生彼此之间根据投票结果情况，在聊天室开展积极的交流讨论。另外，平台聊天室还能够针对某个特定话题，开展多对多形式的群体交流讨论。

### （三）网络日记

只要是平台正式注册用户都能够通过日志的形式实现心理倾诉过程。这种心理倾诉过程，能够有效舒缓心理压力、避免心理困惑，同时平台心理辅导人员能够及时准确发现各位倾诉者不正常的心理状态，通过评论的方式开展有效辅导和积极帮助。同时，平台正式注册用户如果在心理咨询过程中存在学习交流的实际收获，能够有效记录在平台的网络日记中，有助于持续追踪大学生心理的成长发展过程。

### （四）心灵鸡汤

按照大学生自身的心理健康标准要求，积极向大学生广泛宣传和合理介绍各类心理健康基础知识，通过广大学生十分喜爱的互联网络形式，为大学生进一步提供心理健康知识学习功能，让大学生真正实现认识自我、实现认识人生，构建心理健康素质，促进自我成长发展。心灵鸡汤的实际内容主要针对大学生平时常见的各类心理问题进行编制，比如针对学习方面，传授处理心理压力问题、厌学思想、考试焦虑不安等情况的技巧；针对人际关系方面，传授消除社会交往恐惧、处理与他人关系不和谐等情况的方式；针对挫折适应方面，提供实现将过去消极适应转变为良好的积极适应的具体措施等。

# 参考文献

### 一、专著

[1]边玉芳.心理健康[M].杭州：浙江教育出版社，2017.

[2]丁瑞兆，等.当代大学生学习心理研究[M].北京：现代教育出版社，2015.

[3]董耘.大学生学习心理研究[M].北京：中国人口出版社，2015.

[4]李堂兵，姚颖，唐维晨.心理健康教育[M].天津：天津人民出版社，2020.

[5]路晓英，孙锋，许明超.大学生心理健康教育[M].天津：天津科学技术出版社，2019.

[6]王珲.大学生心理健康教育[M].北京：北京理工大学出版社，2022.

[7]王丽.高校音乐教育与大学生心理健康问题研究[M].西安：世界图书出版西安有限公司，2018.

[8]王清，王平，徐爱兵.大学生心理健康教育[M].苏州：苏州大学出版社，2022.

[9]徐国立，连成叶，游容华，等.大学生学习与心理指导[M].北京：中国人民大学出版社，2014.

[10]阎晓军，熊晓梅.心理健康教育[M].沈阳：东北大学出版社，2021.

[11]左霞.大学生思想政治教育与心理健康研究[M].长春：吉林大学出版社，2022.

## 二、期刊

[1]曹冬生.创新大学心理健康教育模式探析[J].赤峰学院学报（自然科学版），2012（14）：135-137.

[2]杜梦红.网络时代大学生心理健康教育模式的转变分析[J].年轻人，2020（06）：206.

[3]李晓晓.新媒体环境对大学生朋辈心理互助的影响与模式探索[J].智库时代，2019（31）：201-202，204.

[4]孙晋芳.大学心理健康教育工作创新[J].西部素质教育，2022（15）：117-119.

[5]王珠.大学生朋辈心理互助的发展路径[J].试题与研究，2018（13）：102-103.

[6]杨荣.大学新生心理健康教育和咨询工作创新研究与实践[J].好家长，2017（31）：107.

[7]杨紫涵.网络时代大学生心理健康教育的路径探索与创新[J].新丝路（上旬），2020（11）：213.

[8]张晓宁，施寓.网络时代大学生心理健康教育策略研究[J].教书育人，2021（12）：30-31.

## 三、学位论文

[1]胡晴.大学生情绪管理能力与主观幸福感关系的研究[D].南充：西华师范大学，2016.

[2]王健荣.大学生情绪管理性别角色差异研究[D].西安：西北大学，2018.

[3]于婷.大学生品格优势、情绪管理与心理健康关系[D].哈尔滨：黑龙江大学，2022.